怪談社書記録
蛇ノ目の女

伊計　翼

竹書房
怪談
文庫

目次

優しさで温かい気持ちがこころを満たす。それでも怖いのに。

みていないのに

朝になって悪夢をみたことを話した。

「うそッ。私もよ。どこかの川で溺れる夢だった」と妻がいう。

「ぼくも。川で流されてぐるぐるまわりながら溺れ死ぬ夢」と長男もいう。

自分もそうだったので細かく聞くと、どうもまったく同じ川のようだった。

「朝からなんだか気持ち悪いな……」

そこに小学生の次男があくびをしながら居間に入ってきた。お前も怖い夢をみたかと尋ねたが「なにが?」と寝ぼけ眼。彼だけは悪夢をみていないようだった。

次男が川で亡くなる四日前の出来事である。

いわれたのに

「この先の渓谷、心霊スポットがあるって。ネットに書いてあったんです」

彼は三脚が入ったパックを肩にかつぎながら、歩いていたEさんに尋ねてきた。

「どういけばいちばんラクですか？　険しそうな山道なんで」

真夏とはいえど、あまりに軽装の彼にEさんはため息をつきながら忠告した。

「そんな恰好で山に登る気か。素人がいけるところじゃないし。止めておきな」

「恰好？　おじいさんだって、そんな恰好じゃないですか」

「わしは近くに住んでいるんだ。だいたい心霊なんてものはない。危ないって」

「だいじょうぶっすよ！　撮影にいくだけですから」

なにをいってもヘラヘラするばかりで聞いてくれなかった。

翌日、心配になったEさんはようすを確かめるため、山を登ることにした。

その渓谷よりずいぶん手前の崖の下、彼は足を踏み外して落ちたのだろう、変わり果てた姿になっていた。落ちるようなところではないのにと不思議に思ったが、なんとか崖をおり、亡くなっているのを確認して地元の警察に通報した。

到着を待っているあいだ遺体と一緒にいた。

可哀そうにと思いながらも、ため息をつき「だからいったのに」とつぶやく。

すると「……いわれたのに」という声がした。

声がしたのは遺体からとはいいきれないが、まわりには他に誰もいない。念のため、まだ息があるのか確認したが、灰色の肌は生きているようにみえない。

よくみると、彼の右足首には黒い手形がついていたそうである。

撮ってないのに

　今年、都内在住のWさんが友人とカフェで、お茶をしていたときの話である。

　度重なる非常事態宣言のせいで、友人と逢うのは久しぶりだった。コロナのことや会社のこと、最近の趣味のこと。しばらく逢っていなかっただけに、ランチを食べ終わったあとも話題が尽きなかった。ふと外をみた友人が「あれ？　曇ってる。雨降るのかな」とつぶやいた。Wさんはスマホを手にして「えっと……」と天気予報のアプリを立ちあげた。

「……今日は曇ってるだけみたいよ。でも明日は雨だってさ」

　そう伝えると友人は「明日、雨かあ」とため息をついた。

「雨降って欲しくなかったなあ。あーあ、ダルいかも」

「ちょっと寒いかもね、雨降ったら。もしかして、どこかにいくの、明日？」

「うん、そうなのよ。明日はね、お姉ちゃんの子どもが……きゃッ」

突然、友人が小さな悲鳴をあげて右側に躰《からだ》をよせた。

うしろにいた見知らぬ男性が友人の左肩から、ぬっと顔をだしたので驚いたのだ。

「あのぅ……すみません」

男性は無表情でWさんに声をかけてきた。

「いま……あなた写真撮りましたよね？」

「え？　な、なんですか？」

立ちあがる友人には目もくれず、男性は鼻で息を吸って続けた。

「いま、あなた写真撮りましたよね……わたしの席のほう」

「え？　と、撮ってませんけど」

「じゃあ、動画ですか？　どうして動画なんか撮ったんですか？　失礼でしょ？」

「動画？　撮ってません。天気です、天気予報のアプリを開いただけです」

友人は「な、なんなの？」と怖がり、Wさんのうしろにまわった。

男性は友人をチラリともみず、Wさんに顔をむけたまま、

「やっぱり写真か動画撮ったでしょ？　違うならフォルダみせてください」

やはり無表情のまま、理不尽な要求をしてきた。

見知らぬひとにスマホの写真フォルダをみせる――普通なら絶対にやらないことだが、Wさんは近年の変なニュースを次々に思いだした。要求通りにしないと危ないかもと考えたのだ。スマホを手にして写真フォルダを開き、

「最後に撮ったのはここのランチです。他には撮っていないでしょう」

男性はスマホの画面をじっとみつめて「うう」と微《かす》かに唸《うな》った。

「すみません、ぼくの彼女のこと撮ったのかと勘違いしました、ごめんなさい」

そういって謝り、ゆっくりと自分のテーブルにもどった。

ぼくの彼女といっていたがひとりである。

友人も「もう、なんなの……びっくりしたわ」と席にもどる。

Wさんは写真フォルダを閉じると、今度は本当にカメラアプリを開いた。

「ちょっと、なにしてるの？　もう、この店でよう」

「変なヤツだから、マジで一枚撮っとく」

シャッター音のでない無音カメラで、男性にバレないよう写真を撮った。

もしカフェをでたWさんたちについてきたとき、交番へ逃げ込んで警察官に説明でき

るようにと考えたのだ。

「よし、もうこの店でよう」

ふたりは立ちあがり、そそくさとレジにむかった。

男性はこちらを気にするようすもなく、ただぼうっとしていた。

店をでてからも追いかけてこないか怖かったが、その気配はなかった。

人通りのあるところを早足で進み、駅前にある百貨店のなかに入った。

「なんか怖かったあ。キモすぎ……最近、変なひと多すぎだよ、この国」

友人はやっと安心したのか、なぜか政治の文句をいいだした。

「なんかヤバそうなひとだったね。でも、ほら。写真撮ったから」

そういって写真フォルダを開くと、あの男性がしっかり写っていた。

「……これ、なんだろ?」

写真をよくみると、男性の横の席に真っ黒い影が座っていた。

影の全体は少しブレているが、顔の部分、口元だけ鮮明に写っている。赤い口紅をつけて嗤《わら》っている——おんなの口だった。友人は写真をみて震える声でいった。

「あのひと、ひとりだったよね? 誰もいなかったよね?」

頼まれたのに

午前中、鉄筋を運び終わったAさんは、通りすがりの老婆に声をかけられた。

「これ、工事現場の監督に渡してもらえますか」

小さく折りたたんだ便せんのようで（手紙だな）とわかった。

Aさんは「監督は何人かいるけど、誰でもいいの？」と彼女に尋ねた。

「はい、お願いします」

老婆は深々と頭をさげて、そのまま歩き去った。

簡易の事務所にいき、そこにいた監督に手紙を渡した。

「誰からですか？」

「……さあ、知らない。渡してってって。苦情かなんかじゃねえの？」

便せんを広げていくと、五千円札が一緒に折りたたまれていた。

「お金だ……あ、なんか便せんに書いてます」

なんとなく気になって、Aさんも便せんを覗き込んだ。


七体分の処理、宜しくお願い致します。


「……なんそれ？　どういうことよ？」

「さあ……わかりませんが、とりあえず上に渡しておきます」

現場から骨が掘りだされたのは、その日の午後だった。

空襲のときの骨や、土葬していた時代の骨がでてくるのは普通にあるらしい。

しかし、あの老婆はなぜ、骨がでてくることがわかったのだろうか。

それより――Aさんは、掘りだされた骨が三体だけだったのが気になった。

（もしかして、まだ埋まっているのではないか――）

その現場はいま、単身者用のマンションになっているという。

ただの絵なのに

子どもが描いたラクガキが予言のようになった怪談がいくつかある。

最近、聞いたのは祖父が亡くなる日にちと、その時間を的中させたという話だ。

紙の上部につたない字で20211013と書かれていた。

これはおそらく西暦と月、そして日にちだと思われる。

実際、祖父が亡くなったのは二〇二一年一〇月十三日だった。

絵のなかの時計の長針と短針は二時十五分を指している。

しかし、家族が臨終の場に立ちあえなかったので確信はないそうだ。

そして矢印つきで「おじいちゃん」と書かれた人物、病室にいる祖父の絵だ。

頭には輪っかが描かれて、祖父は空中に浮いているようだった。病室のベッドの柵のようなものまで描かれていたそうなので、子どもの絵としては細かいほうだといえるだろう。
だがこの絵、本当の問題は予言していることではないらしい。
絵に描かれた祖父は首を横に曲げていた。
その首を天井からでた大きな黒い手が握っているのである。
病で亡くなった祖父と謎の手。その関係がわからない。
両親は「これは、なんなのでしょうか」と尋ねてきた。
もちろん私に答えることができるはずもなく――この話はお終い。

重くないのに

Uさんが高校から帰ると、家の玄関前に警官がふたり、母親と話をしていた。

近づくと「息子さんですか？　おかえりなさい」と声をかけてくる。

「なに？　なんかあったの？」

「いいから、あんたは家に入ってなさい」

よくわからないが、とりあえずUさんは家に入り台所でジュースを飲んでいた。

警察官たちは帰ったようで母親が台所にやってくる。

「どした？　ケーサツ、なんか用だったの？」

母親は「あたしが呼んだのよ」とため息をついた。

「なんでケーサツなんか呼んだの？」

「二階で音がしたから泥棒かと思ったのよ……」

「マジで？　ドロボーいたの？」

「おまわりさんに確かめてもらったけど、誰もいなかった」

「勘違いかよ。ドロボーだったら面白かったのに」

「あんたの部屋よ」

Uさんは「なにが？」とジュースを飲み干す。

「だから、あんたの部屋から、どすんばたんって音が響いてきたのよ」

「え？　おれの部屋から？　もしかしてケーサツとおれの部屋入ったの？」

Uさんは普段から勝手に部屋へ入られるのを嫌っていた。

「仕方ないじゃないの。もし泥棒だったら怖いでしょ」

母親のいう通りなので「まあ、いいけど……」と唇をとがらせた。

「まあ誰もいなかったんだけどね……そりゃそうと、なに？　あのお地蔵さん」

「お地蔵さん？」

「あんたの机の上にのってたやつよ。あれなんなの？」

「ああ、文化祭のやつだよ。今日持ってくハズだったんだけど忘れていった」

Uさんのクラスは文化祭の出し物として、お化け屋敷をやることになっていた。

その小道具のひとつに地蔵があり、それを作る役割が彼だったのだ。

「もう。ビックリしたんだから。部屋開けたらさ、あんなのが机の上に置かれていて。コレ、どこから持ってきたのって、おまわりさんも驚いてたわよ」

あまりに上手く作れていたので、警察官たちが気にしていたらしい。

「あんなの、作り物丸出しだろ。てか、部屋に入られたのショック」

「押し入れとかも開けたわよ。私じゃなくて、おまわりさんが」

Uさんは二階にあがり、自分の部屋のドアを開けた。

確かにチェックされたようで、押し入れが開かれたままになっている。

「もう……なんだよ」

舌打ちをしながら押し入れのふすまを閉めた。

階段をあがってくる音が後ろから聞こえて、洗濯カゴを持った母親が「服もそこに脱いでるの多すぎよ。ここに入れて」と部屋の床を指さした。Uさんが「へいへい」と散らばった服を拾っていると。

「あれ？　あのお地蔵さん……さっきと違う」

机の上に置かれているUさん自作の地蔵を凝視している。

高さ五十センチ、発泡スチロールでできた地蔵は机の上でまっすぐに立っていた。ホームセンターで買ってきた白い円筒状の発泡スチロールを、カッターや彫刻刀でけずって形作った、かろうじて地蔵にみえる程度のものだ。

「同じだよ。昨日の夜、作ったまま。まだ途中だけど。色は学校で塗るの」

「……さっきは灰色だったよ。もっと顔もハッキリしていたし」

「なにいってんだよ。ああ、ホント服が多いわ」

落ちている服を拾っていると、フローリングに傷がついているのをみつけた。傷は半円形で、まるで大きなハンマーで叩いたようだった。

「なにこれ？　いつの間にこんなの……」

フローリングを確かめたら、傷は四カ所ほどあった。

「あんた、家をもっと大事にしなさいよね。こんなの、修理するの大変よ」

「わかった、お地蔵さんが暴れたんだ……ってそんなワケないか」

Uさんは机の地蔵を軽々と片手でとり、底、足の部分を床の傷にあわせてみる。

怖いくらいピッタリだった。

「……それ、学校に持っていってね。ひとの形してるものって気味が悪いから」

洗濯物をカゴに入れた母親は、青い顔で部屋をでていった。

Uさんは作成途中の地蔵を改めてじっとみた。懸命に削りながら作ったにしては下手くそな顔だったが、うすく笑っているようにも思えたそうである。

遊んでいたのに

場所もイニシャルすらも変更するなら、という条件でこの話を提供して頂いた。

鹿児島県在住のA子さんという女性が、小学生のころである。

ある夕方、塾から帰る途中にA子さんが自転車で小学校の前を通ると、クラスでも仲の良いほうであるB子さんという女子が歩いているのをみつけたので「B子ちゃん、なにしてるの？」と声をかけた。

「すっごく面白いところみつけたの。B子さんは遊んでいて帰るところだという。今度、A子ちゃんもそこで遊ぼうよ」

そうB子さんはいったが、すぐにうなずくことができなかった。

なぜならA子さんの家はきびしく、他のクラスメイトたちより門限が早かった。ときどきは門限を破って遊ぶこともあったが、何度かそれを繰り返すと大きな雷が落ちる。長いお説教を受けたあとは、しばらく門限もさらに早くなったり、外出を禁止されたりして部屋でひたすら勉強をさせられてしまう。つい最近も怒られたばかりだったので、学校が終わるとしばらくは塾の時間くらいしか外にでられない。

「それってどこ？　面白いところって」

「すぐそこ。学校のオバケ工場だよ。入っちゃダメっていわれてるところ」

オバケ工場とは学校の裏手にある廃工場のことだった。そこは危険という理由で立ち入り禁止になっていた。しかし、何人かの男子たちが入って遊んでいるというウワサがあり、それはA子さんも聞いたことがあった。オバケ工場という呼び名も、古いという理由だけでついた名称であり、誰も怖がってなどいなかった。

「ええ、いいな、あそこ私も入ってみたいなあ、いいなあ」

「すっごく面白かったよ。思ったより広いしさ、音がね、響いて楽しいの」

彼女が嬉しそうに話すので、さらにうらやましくなった。

A子さんは「いまから、ちょっとだけ遊びたいな」とB子さんに頼んでみた。

「いまから？　いいけど、もう遅いからいっかいだけゲームしてすぐ帰ろうね」

そう約束して、ふたりはきた道をもどっていった。

自転車を停めて夕陽で赤くなった林道を進み、学校の裏手にまわっていく。林道は校舎沿いでもあったので電気がついている教室などがみえると、残業している教師たちにみつからないように身をかがめてむかっていった。

そのうち錆びた柵が現れて入口へと到着する。門は何重にも張り巡らされた針金で入れないようになっていたが、B子さんが「こっち、こっち」と門のスキマをゆびさした。誰かが切ったのか、そこだけ針金がなくなっていた。

A子さんはB子さんと一緒に工場の敷地内へと侵入した。

「うわあ、こんな感じになってたんだね……」

門から続く土地は校庭よりも広さがあり、奥に長方形の建物がみえた。

「すごいでしょ。あっちから工場のなかに入れるの」

B子さんは自慢気に建物にむかって歩いていく。

外からみると建物はトタンの壁がところどころ剥《は》がれ落ちて、鉄筋の柱や内部が丸出しになっているところも多い。工場に入ると左右それぞれに、ぼろぼろになった鉄の階段。見上げると天井がなく夕焼け空がみえている。落ちてきた天井が粉々になったのか、一階の奥までガラスや鉄くずの山だらけで歩けそうになかった。

生まれて初めて目にした廃墟。

このゴミの山を進むのかと、A子さんはやはり少し怖くなった。

「B子ちゃん、これ奥までいくの?」

「ううん。そっちはなんか危なそうだから、こっちで遊ぶの」

彼女が指さしたのは入口の横の階段だった。

「ここね、すごく音が響いて面白いんだよ。そうだ、グリコでいっかいだけ遊ぼ。先に上についたら勝ち。今日はもう遅いから、このいっかいだけ遊んで帰ろう」

B子さんは笑顔で、どうやって遊ぶか提案してきた。

グリコとはジャンケンをして勝った者が、勝った手の形をイメージした言葉の文字数だけ前に進める遊戯のことである。グーで勝ったらグリコ、文字数三文字ぶん三歩進む。チョキはチョコレイト、パーはパイナップルと六文字ぶん六歩進むことができる。それを階段でやろうというのだ。

A子さんは「いいね、やろう」と返して、B子さんと階段の前に並んだ。

「うん。じゃあジャンケンぽん。やった、勝った。えっとパーだから」
パ、イ、ナ、ツ、プ、ル! とA子さんは階段をあがった。
「よし、じゃあ、ジャンケンぽん。あ、今度は私の勝ち」

チ、ヨ、コ、レ、イ、ト！　と今度はB子さんがあがってA子さんと並ぶ。
「ジャンケンぽん。あ、また私の勝ち！」
グ、リ、コ、とB子さんがまたあがり、ふたりでこれを繰り返していった。
「パ、イ、ナ、ツ、プ、ル！」「チ、ヨ、コ、レ、イ、ト！」

「チ、ヨ、コ、レ、イ、ト！」「パ、イ、ナ、ツ、プ、ル！」

階段は狭い踊り場で重なるように連なっていたので、連勝したB子さんの姿がみえなくなってしまった。ジャンケンの手も「ジャンケン、グー！」「ジャンケン、チョキ！」といった具合で、同時に口頭で叫ぶようになった。

「A子ちゃんの勝ちだね！」
グ、リ、コ！　とA子さんが階段をあがった。
「B子ちゃん、強いね！」
パ、イ、ナ、ツ、プ、ル！　とB子さんがさらに階段をあがる。
四階の踊り場、ガラスのない窓から外をみて、いつの間にか高いところに自分がいることを知ったA子さんは、不安になって上にいるB子さんに大声で尋ねた。

「ねえ、B子ちゃん！　ここって何階まであるの？」

「六階だよ！　あと一回勝ったら六階につくから私の勝ちだよ！」

安心と同時に、もう負けられないという意地がA子さんに湧き起こる。

「じゃあ、いくよッ！　せーの、ジャンケン、パーッ！」

Aさんは気合を入れて叫ぶが、B子さんの「チョキ！」という声。

「やった！、私の勝ちだ！　チ、ヨ、コ、レ、イ、ト！」

A子さんは「負けちゃった」と階段を上にあがっていく。

五階をあがりきった踊り場から六階に到着する。

「……え？」

そこから階段が途切れてなにもなくなっていた。

はるか下には敷地内に入ってきた門がみえる。階段も壁もなく――もし一歩でも前にでれば真下、一階の地面に落ちてしまう。その踊り場から階段が崩れて、足場がなくなっている。なにより、そこにいるはずのB子さんがいない。

「え？　え？」

落ちてしまったのかと見下ろしても、どこにもB子さんの姿はなかった。

何度も名前を呼び、まわりを確認した。夕日は消えかけ、外は真っ暗になろうとしている。混乱したがとりあえず下におりて一階でB子さんを探した。A子さんは廃工場の一階にあるガレキの山にあがって、さっきまで遊んでいた階段を見上げた。

そこからだと階段が途中で崩れてなくなっているのがハッキリと確認できるが、外にでて廃工場を正面から見上げると、壁が崩れているようにしかみえない。角度の問題で気がつかなかったことはわかったが、肝心のB子さんはどこを探してもみつからなかった。気配がなさすぎるのでB子さんと一緒にきた記憶すら疑った。

怖くなったA子さんは帰ることにした。すると、うしろから声が聞こえてきた。

「チ、ヨ、コ、レ、イ、ト!」

振り返ると、四階の窓に男のひとが立っていた。

指をチョキの形にして、A子さんにむけて振っている。表情まではわからなかったが、日本兵の制服を着ているようにもみえた。

寒気が止まらなかったので、もう助けを呼ぶしかないと廃工場をあとにした。

B子さんを探す騒動になったが結局、彼女がみつかることはなかった。

現在も発見されていない。

楽しかったのに

埼玉県在住のC美さんは、定期的に仲間たちを集めて呑み会を開く。

その夜もいつものメンバーで集まった。仕事や趣味、友人関係や家族の話題で盛りあがり、みんな大声で笑っていた。そこに仲間のY子さんが遅れてやってきた。

「お、Y子じゃん。遅いよ、待ってたよ。さあ、こっち、こっち座りなよ！」

ほろ酔いになった仲間たちは彼女の到着を喜んだ。

「もう、はじめてたの？　待ってくれてもいいのに」

「七時集合だよー。遅刻だよ、遅刻。なに呑む？　いつも通りビールでいい？」

「うん、ビール」

「あのね、いまね、C美ちゃんの仕事場の話を聞いてたんだけど、面白くって――」

Y子さんの飲み物がきて再び乾杯をすると、またいろいろな話題が続く。

十五人以上いたので自然にグループに分かれ話題を交差させたり、ときどきは席を代わったりして、みんなその場をそれぞれ楽しんでいるようだった。

「おかわりいるひと、手あげてくださーい。はーい」

「あ、こっちは頼むけど、そっち唐揚げ食べたいひといる？」

「あのさー、ウチの会社の上司がさ、C美とそっくりなのよね、マジでマジで」

「あーあ、彼女欲しいなあー、どっかにメチャ可愛いおんな、いねーかなー」

騒いでいると突然、がんッ！　という音が響いて、みんな躰を強張《こわば》らせた。いちばん端に座っていたC美さんも驚き、音のほうへ顔をむける。それはY子さんがビールのジョッキをテーブルに、叩きつけるように強く置いた音のようだった。

「……え？　どうした？　Y子」

Y子さんの横に座っていた男性が声をかける。

「あのさ……お前ら、いい加減にしてくれない？　いったいどうなってるの？」

怒りの表情でまわりに一瞥を投げると、Y子さんは続けた。

「まずさ、ずっと気になってたんだけどさ、どうしてそんなに好きな話ばっかりするワケ？　私、さっきから聞いてたけど好きなことばっかりいってるよね、お前」

自分の前、むかいに座っている女性にそんなことを問いかけた。

「え……私？　ご、ごめん、なんか気に障《さわ》ることいっちゃった？」

「いってるよ。ずっと。貴様の家族の話なんか、誰が聞きたいものぞ？」

横の男性が「お、おい、お前落ちつけって」と苦笑いを浮かべる。

「落ちつけ、と？　お前とは私のこと？　いい度胸じゃん」

「あ……お、お前っていわれるのがイヤだったんだ、ゴメン、気をつけ……」

「否、無礼千万な呼びかたのことではなき、そなたの態度がムカつくわ」

Y子さんはそこにいる仲間たち、それぞれに文句をいいだした。

しかし、なぜかその口調は現代語とむかしの言葉が混じっているような、聞いたことのない妙なものだ。途中までC美さんを含めた何人かは、冗談かなにかのネタで、Y子さんが怒っているフリをしていると笑ってしまうほどだった。

「貴様、貴様は間もなく尽きる寿命を知らず、ひとの欠点で笑う腐った性根、憐れなものよのう、あんたネットで悪口ばっかり書いてるの、そんなに楽しいの？」

「え？　オレ？　な、なんで……」

男性の仲間は真っ青になったが、気にせずY子さんは他の女性のほうをむく。

「さらに、お主。特に改めたほうがよい、隠れて操《みさお》を汚す如き行為の数々、恥を知るべきことぞ、あんた旦那に隠れて遊びで売春してるんでしょ、知ってるんだから」

女性の仲間が怒っているのをみて、C美さんは口をはさんだ。

「ちょっとY子、あんたふざけすぎよ。いって良いことと悪いことが……」

「黙れ、下賤《げせん》の者が。貴様も親からもらった大切な躰を大事にしておらぬではないか。私の目は誤魔化《ごまか》せないわよ、この目こそが、この目、この目」

Y子さんは自分の目に、右手のひとさし指をゆっくりと突っ込みはじめた。

「この目こそが、この世のなかで、この世のなかでなによりも痛いよおおお」

指が第二関節まで入ったあたりで、仲間たちの悲鳴があがった。

Y子さんを止めようとする者や、嘔吐する者で騒然となった。

「お前なにしてんだよッ、止めろって!」

指は目とまぶたのあいだに入っており、仲間が引っぱるとぶちゅッと抜けた。

「痛いいい、おおおお……」

真っ赤になった片目で唸り、立ちあがるとY子さんは口を大きく開けた。

そこから水蒸気のような煙が立ち昇っていく。

そのまま白目を剥《む》いて、まっすぐテーブルの上にY子さんは倒れた。

救急車を呼んで、大変な騒ぎになったという。

それ以来、C美さんは飲み会を開いていない。

ずいぶん経ってから、あのあとすぐにY子さんがこころを病んで入院したことを聞いた。なにかしらの原因があり、それで彼女が錯乱していたとしても、吐きだした煙はなんだったのか、誰も説明できないという。

そして、実はC美さんは顔以外の美容整形を何度も受けていた。なぜ誰にも話していないそのことをY子さんが知っていたのか、見当もつかないらしい。

なぜ彼女がそうなったのかはわからないが、あれこそが「とり憑かれた状態」だったのでは――と、C美さんは信じている。

忘れたいのに

「変な雰囲気感じたら、換気扇をまわしや。でも窓は開けたらアカンで、絶対」

むかし心霊番組を観ているときに、祖母にいわれたこの言葉が忘れられない。

多いのに

和歌山県在住のC田さんが、子どものころの話である。

兄とその友だち五人、そしてC田さんの合計七人で神社の境内《けいだい》に集まった。

今日はなにをして遊ぶかを話しあって、鬼ごっこをすることになった。ジャンケンで鬼を決めてみんなで走りまわる。

逃げている最中、友だちのひとりが「なあ、なんかひとり多くない？」といいだした。

C田さんが「いち、にい、さん……」と人数を数える。

確かにさっきまで七人だったのに八人いる。

「誰が多いんやろ？」

ひとりずつ顔を確認していったが、走りまわっているのでわかりにくい。

そのうち鬼がC田さんとその友だちのところにむかってきた。「ヤバい、逃げろ、逃げろ」とふたりして笑いながら走ったが、C田さんが捕まってしまった。

鬼は「次はC田の弟が鬼やで」とはいわず「お前、誰なん?」と一緒に逃げていた友だちに声をかけた。C田さんは「え?」とその友だちをみる。

彼はにっこり笑って、とととッと走りだした。

そのまま賽銭箱《さいせんばこ》を飛び越えて、神社の本殿の扉にぶつかり消えてしまった。

もうずいぶん前のことだが、兄もそのことを鮮明に覚えており「やっぱり神社って、ああいうこと起こるもんやなあ」と、いまでも不思議がっているという。

好きだったのに

　仕事からもどったHさんは夕食をつくり、ゆっくりと食べていた。

テレビをつけていたが、特に面白い番組がなかったので観るともなく観ていたそうだ。

そのうちニュース番組がはじまり、事件の報道が流れてきた。見覚えのある景色が映ったので「え？」と思わず目を見張る。それはHさんの地元だった。さらに驚くことに、学生のときにつきあっていた彼氏が逮捕されたニュースだった。

「やだ。うそ。マジで……」

　軽いショックが過ぎ去ったあと、疑問が浮かんできた。

（そういえば私、なんであの男と別れたんだっけ？）

　記憶をさかのぼったが、どうしたことか、思いだすことができない。

（あれ？　なんで？　あんなに好きだったのに？）

食器を片付けたあと、風呂に浸かりながら思いだそうとしたが、わからない。

(確か、カレのことはお母さんによく相談したっけ)

デートした場所や会話は思いだせるのに、別れた理由がわからない。

どんなに頑張っても思いだせないので、髪を乾かしながら諦めた。

(明日、お母さんに電話して聞いてみよっと)

ベッドに入り、目覚まし時計をセットして目をつぶったとき。

(あ、思いだした)

ぞわっと寒気が走り、躰を起こした。

(ときどき……彼の白目が、真っ黒になるのをみて怖くなったんだ)

眠気が吹き飛んだHさんは、すぐ母親に電話をした。

元彼氏のニュースは知らなかったらしく、母親もびっくりしていた。

「ふええ……そんなこともあるのね、逮捕されたなんて」

「どうしても別れた理由がなかなか思いだせなくて。お母さん、覚えてる?」

「確か……目が黒くなって怖いとかいってたわよね」

「そう! お母さんすごいね、覚えてるって」

「その話のあと、私あなたになんていったか、覚えてる？　お祖父《じい》ちゃんの話」

「お祖父ちゃんの話？」

　ずいぶん前のことなので、やはり思いだせない。

「覚えてない？　私、あなたにいったのよ」

「なにを？」

「ほら、お祖父ちゃん、戦争にいっていたでしょ」

「うん、それは知ってる」

「戦争から帰ってきたお祖父ちゃんが——もちろん、帰ってきて何年も経ってから——こういったの。誰かを殺せるひとって、ときどき目が全部黒くなるって。当時、そのことを思いだしてあなたに伝えたら『別れる！』っていいだしたのよ」

　元彼氏が逮捕された理由——つまりは、そういうことである。

浮気じゃないのに

いつも長い髪の毛が落ちている新居だった。

なぜそんなものが落ちているのか皆目、見当がつかない。原因がわからないものを考えても仕方がない。それより浮気をしていると勘違いされ、遊びにきた彼女に帰られるほうがイヤだった。おかげで彼女が訪問する日は、掃除機をかける習慣がついた。

ある夜「なんで長い髪が落ちてるの？」と彼女に詰められたとき部屋の隅から、

「わたしがいるからよ」

まるで助け船のように、知らないおんなの声が聞こえてきてくれた。

彼は「浮気なんかするワケないじゃないか。ゆうれいさ」と苦笑いを浮かべる。

彼女はやはり帰ってしまったそうだ。

お祓《はら》いまでしたが、引っ越すまでずっと髪は落ちていた、という話である。

猪だったのに

広島県在住、Hさんのカレの体験談である。

カレは警備会社に勤めていて毎回、警備にあたる現場も変わるそうだ。

ある夜、ダムの近くの国道で土砂崩れが起きた。

原因は連日の大雨によるものだ。二次被害防止のためカレが勤める会社が警備にあたることになり、カレも現場にかりだされた。

二十四時間の監視なので楽なものではない。

しかも、カレは深夜のシフトにまわされてしまった。

山の斜面を背にしてカレが立っていると、うしろでなにかの気配があった。

近くのダムは心霊スポットとしても有名ということもあり――なにか妙なものが現れても不思議ではない、と思った。

少し怖がりながらも振り返ると、ずいぶんむこうに猪《いのしし》がいるのがみえた。
――なんだ、猪か。
そこまで珍しいものではないし、こちらから近づかなければ無害である。
無視していれば勝手にどこかにいくだろうと、カレは気にしなかった。

しばらくして再び気配があった。
なんだよ、まだいるのか、ともう一度振り返る。
うしろに壁のようなものがあり「え？　なんだ、これ？」と顔を上にむけた。
異様に背の高い男が腰を曲げて、カレを見下ろしていた。

すぐにその場から逃げだしたという。

あるはずなのに

ずいぶん前の話だが、あるテレビ局で企画番組の心霊ものがあった。

その番組のコーナーのひとつに心霊写真特集があった。いまならメールやSNSなどで制作サイドが集めるのは簡単だが、当時は募集すると郵送されてくるのを待つしかない。円滑に制作を進められるよう、そういう番組のためにいつでも使える心霊写真を、資料として局の資料室に保存していた。

スタッフが厳選した写真をみたディレクターが、

「なんだよ、ぜんぜん怖くねえじゃん。もっと怖いのないのか」

そういって写真の束をスタッフに投げつけた。

「こういうのはな、怖ければ怖いほうがいいんだ、資料室でもっと探してこい」

怒鳴《どな》られたスタッフは「いや、でも」とまごついていた。

「でも？　なんだよ、でもって。もっと怖いのあるはずだろ？」

「あの資料室。きっと探せばまだあると思うんですけど、なんか怖いんです」

資料室の写真はまとまっておらず、たくさんあるひきだしに散らばっている。

他にないか探していると、天井で音が鳴ったり男の笑い声が聞こえるという。

ディレクターは「お前が怖がってどうする、もういい」と自ら資料室へむかった。

一時間ほどしてからスタッフのところに青い顔でもどってきて、

「お前のいう通りだった……怖いわ」

資料室でディレクターになにがあったのか、その手は小刻みに震えている。

結局、スタッフが最初に持ってきた心霊写真から、使うものを選んだそうだ。

お見舞いだったのに

Uさんの会社の同僚が長期休暇をとった。

悪性ではないが腫瘍がみつかり、その手術と療養のための休みだった。

仲が良かったUさんは心配になり、同僚に連絡をした。

「おう。お前、だいじょうぶか？　死んだりするの？」

「手術が失敗したらな。失敗する手術でもねえから、絶対死なねーけど」

同僚の声は思った以上に元気だったので安心した。

特に痛みなどなく、ただ予想される退屈な生活にため息をついていたそうだ。

借りているマンションはそのままに、地元の病院と実家の世話になるという。

それから二カ月ほどした、ある連休のこと。

（ヒマだ……そういえば、あいつ、もう手術終わって退院してるハズだな）

休日の予定がなかったUさんは、同僚のお見舞いにいくことにした。同僚の実家は都内から車で半日もかからないし、たまにはドライブでも楽しもうと思った。

連絡して同僚から住所を聞き、だいたいの到着時間を伝えて車を発進させる。

混んでいる高速をおりると同じ関東とは思えないような、のどかな景色が広がっていた。それでも予想よりスムーズにきてしまい、このままだと一時間以上も早く到着してしまう。それはそれでかまわなかったが、昼食がまだだったので、どこかで食べていこうと店を探した。

（このへん……マジでなにもない。田んぼしかないじゃん……）

Uさんは停車してスマホで周囲を検索した。

同僚宅の方向と逆、国道までいけばなにかありそうだ。

（まだ時間はあるし……もし遅刻しても問題はないだろ）

Uさんは国道にむかって車を走らせた。

前方に【子ども注意】という手書きの看板があり、あらためて周囲をみた。

見渡す限り田園で、民家の影もない。

もしひとが歩いていたら、一キロむこうからでも確認できそうな直線の道だった。

（……子どもなんて、どこにいるんだよ）

しばらくして国道にでると、レストランがあったのでそこで食事をすませた。

満腹になり休憩したあと（そろそろむかうか）と再び車を走らせる。

さっきと同じ道を通っていると、また看板が近づいてくる。

看板の横に誰かが立っていた。

（……ひとがいる。なにしてんだ？）

雲ひとつない炎天下で特になにもない道である。

念のため車の速度を落として、気をつけながらUさんは看板の前にさしかかった。

それは白いTシャツの子どもだった。両足をそろえて直立しているが、両手は少し大きく広げて目をつぶっている。その顔は、火傷をしているように真っ赤に腫れあがっていた。驚いたUさんは思わずブレーキを踏んで、停車しようとした。

（怪我してる？　いま怪我したのか？）

窓を開けて声をかけようとした瞬間、子どもは両手を前にだした。

目をつぶっているのに「あうあぁッ」と声をだし、車めがけて走ってきた。

Uさんは「わッ」と悲鳴をあげて、慌ててアクセルを踏んだ。

離れていく看板をサイドミラーで確認したが、子どもの姿はすでに消えていた。

「うおおッ、なんだ、なんだいまの！　怖ええッ」

スピードをだして進み、そのまま同僚宅にむかった。


「ああ、それ看板のところだろ。なんかでるらしいな。むかしからだよ」

手術したせいか、少しやせた同僚はUさんの話を聞いてうなずいた。

「え？　むかしからって、あれ子どもだったぞ」

「うん。ずっと子どもなんだよ。あそこにでる、アレ。親父もいってたもん」

同僚の父親が小学生のとき、すでにあの子どもは現れていたらしい。

「いつからいるのか知らねえけど、お前車停めた？　走りながらみた？」

「え？　どういうこと？」

「車だよ。動いていたか、停めていたか。てか、動いていたんだろ」

同僚がいうには、車を停めて目撃すると子どもは家までついてくるらしい。

いわれてUさんはぞッとした。あのとき車は停まっていたか、動いていたか。

ハッキリ覚えていない。完全には停まっていなかったと思うが、自信はなかった。

「ヤバい。停めたかハッキリ覚えてない……なんなんだよ、あの子どもって」

「あそこに家があって火事で死んだ子とか、戦争のとき空襲で死んだ子とか、ウワサばっかりで本当のこと誰も知らないんだよ。でもまあ、いちばん謎なのは――」

誰があの看板立てたかってことなんだよね、と同僚は笑った。

そのまま夕方まで同僚と話しているうちに、怖さはうすまっていった。

暗くなってきたので「そろそろ帰るわ」とUさんは車に乗り込む。

「ありがとうな、気をつけろよ。あと、帰り道にバックミラーとかみたら……あの子が……後部座席に座ってるかもしれないから、びっくりして事故とかおこすなよ」

「いや、マジで脅かすのやめて。怖いから」

「ははっ。家まできても、特になにかするワケじゃないから平気だよ、多分」

「多分ってなんだよ……まあ、いいや。安静にな」

「おう、来月には東京もどって復帰するわ。ありがとな。ホント気をつけろよ」

Uさんは同僚に別れを告げて車を発進させた。

音楽をかけながら（元気そうで、良かったな）と道を進んでいく。

それでもやはり、あの子どもと友人の話が怖くて仕方がない。

（おれ、停めてないよな……マジで停めていないよな……）

ときどき後部座席が気になり（停めてないけど、みないようにしよ）と高速にのった。お腹が鳴ったので（なにか買ってかえるか）とスーパーによった。車に乗る前に外から後部座席を確かめて（よし、いないな。やっぱ絶対停めてないわ）と安心した。駐車場に到着して車を降りて、住んでいるマンションにむかって歩きながらも、ときどきはうしろを振り返り、誰もついてきていないか確認した。

部屋の鍵を差し込み、がちゃりと玄関を開ける。

誰もいないが「ふう……ただいま」とつぶやいた。

そのとき、スマホの着信音が鳴り「おわっ」と躰を震わせた。同僚からで、なにか忘れ物でもしたのかと、応答ボタンをスライドした。スマホから同僚が「おい！　お前！　家にいるぞ！　話してた子ども！　お前じゃなくてオレの家に！」と叫ぶ。

停めていた。

静夜なのに

兵庫県在住の会社員、M和さんという男性の話である。

ある秋、帰宅した彼は静かに玄関で靴を脱いだ。もう遅い時間だったので、寝ている妻と娘を起こさないよう、足音などに気をつけながら歩いた。

戸が開いたままの寝室を覗くと、常夜灯に照らされてふたりが眠っている。

涼しかったので窓は開いていたが――外に誰か立っていた。

赤ん坊を抱いた長髪のおんなだった。

部屋はマンションの八階で、窓の外に立つところはない。おんなは部屋のなかを無表情で、じーっとみつめている。

驚いたM和さんは「おい！」と声をあげて電気をつけた。

それに気づいたのか、おんなと赤ん坊はかき消えてしまった。

妻と娘は目を覚ましてしまったが、なにをみたのか説明はできなかった。

寝室の窓はその場ですぐに閉めたそうである。


翌日になって妻に話すと、予想通り怖がらせてしまった。

「見間違えかもしれんけど、とりあえず……窓、閉めるようにしとき」

「ゆうれいなん？　寝ている私たち見てたいうこと？」

そう尋ねられたM和さんは、そうではないように思えてきた。

寝ている妻と娘をみていたならばマットレスのほう、顔の角度が少し下をむいているはずだ。あれは——部屋の違うところをみていたのではないだろうか。

それを妻に話して、ふたりで寝室にいってみた。

窓の反対側には隣の部屋への戸がある。寝ているとき、そこは開いていたらしい。

「……ということは隣の部屋、見てたんか？」

いったいなにがあるんだ、と戸を開けて部屋をまじまじと確かめた。

隣はいずれ、子ども部屋にしようと思っているが、いまはまだ娘が幼いので荷物置きのような部屋になっている。ダンボールがいくつかあるだけで、これといって気になるものはなにもない。

「なんやろ、わからへんな……ダンボールしかないし」

「ダンボールの中身とか？」

妻が「なに入れたっけ？」とダンボールを開けると、娘が赤ん坊のときに使っていた玩具や哺乳瓶、おしゃぶりなどがでてきた。

「これ欲しがってるってこと？　ゆうれいやのに？　どれを？」

ふたりで考えたあげく、バルコニーにダンボールを置いておくことにした。

翌日、おしゃぶりだけが消えていたので、M和さんたちは驚いたという。

好条件なのに

まだ事故物件という言葉がない時代のこと。

新居を探しているとき、こんな条件を不動産屋からだされた男性がいる。

最初のふた月だけ家賃はいらないし、半年のあいだだけ光熱費は大家が払う。その代わりふた月は絶対、押し入れからでてくるおんなに殺されるな。逃げきれ。

大阪の西成区の話である。

一階なのに

少し前の話だが、ある小さなビルの守衛室にこんな紙が貼られていた。

『骨折したという電話はすぐにキレ』

そこでバイトをはじめた男性が「なんですかこれ？」と先輩に聞く。

「そんな電話があったら相手にするなということだ」といわれた。

そのときは悪戯《いたずら》電話がくるんだなと思って「わかりました」と答えたが——。

ある夜、電話が鳴ったので、男性がでると受話器から中年男性の声がした。

「すみません、屋上から落ちてしまって。どうも両足が折れてしまっているみたいなんです。大変申し訳ないのですが、ビルの裏にきてもらってもいいですか？」

……きたな、これが例の悪戯電話か。

男性は紙に書かれたとおり、無言で電話を切った。

しばらくして巡回にいってた先輩がもどってきたので、電話のことを伝える。

「両足折れて、あんな流暢《りゅうちょう》にしゃべれませんよ。騙せると思っているんですかね」

男性がそういうと、先輩は「そうでもないんだよ」と答えた。

「たまに信じて、裏にいく新人のバカがいるんだよ。だから紙、貼ってるの」

「へえ。どうなるんですか」

「屋上から落ちて両足折るんだよ。それで大騒ぎになる」

一階にいくのに屋上から落ちるとは——どういう意味なのか、わからなかった。

「本人は一階の裏口からでたっていうけど、なぜか屋上にいってるんだ。監視カメラにも映ってた。それでビルから飛び降りるんだよ」

「屋上って五階……いや、屋上だから六階ですよね？　死なないんですか？」

「死んだやつはいない。いや、守衛じゃないけど、むかしひとりいたらしい。案外」

そいつが電話をかけてきている犯人かもな、と先輩は笑った。

狭いのに

「あの自販機さ、ブロックが敷かれて、下にスキマができてるだろ？　ほら、あそこ。アスファルトと自販機のあいだんとこ。あそこからおんなが顔をだすんだって」

確かにスキマはあるが、狭いから絶対無理だ、と返した。

「無理かどうか知らんが、そう聞いたんだ。怖いウワサってやつだよ」

実にうさん臭いウワサだ。うさん臭い怪談師より、うさん臭いといった。

「聞いただけだよ。オレがみたわけじゃねえよ」

本当かよ、じゃあ誰がいってたか教えてくれよ、と返した。

「ウチの母ちゃんと近所のおっさんと通ってた小学校のクラスメイトが四人と酒屋のおっさんと自治会長と食堂のおばさんとスーパーのおばさんと元カノと嫁だよ」

思ったより多くてビビるわ、といった。

笑いながらもう一度自販機のほうをみた。

一瞬。本当に一瞬だが、おんながスキマからこちらをみて隠れた。気がした。

「なんでもさ、いっかいみたら、次から高確率でみえるようになるってさ」

それ早くいえよ、オレの家すぐそこだぞ、と呆れた。


でも確かに本当だった。

それから、おんなが自販機のスキマから顔をだしているのを、頻繁にみるようになった。ときどきだが片手をだして手招きもする。必ず帰りに通らなければいけない道なので、さっさと撤去されて欲しいと願っているが、そういう苦情を受けつけてくれるのかは謎である。

初対面なのに

新宿区在住の男性、Lさんが教えてくれた話である。

数年前、地下鉄の階段をあがっていたときのこと。

「ちょっと、久しぶり！　めちゃ久しぶりじゃん！　元気？」

二十代くらいの若い女性に声をかけられた。

「え……あの、すみません、どちらさまでしたっけ？」

Lさんは女性の知りあいが少なく、心当たりが上司と訪れた店のホステスしかいない。

だが、その女性はひらひらの黒いドレス、ゴシックロリータのようなファッションだったので飲み屋で働いているようには思えなかった。

正直に尋ねたつもりだったが、女性はおかまいなしといわんばかりに続けた。

「ホント、どうしてたの？　あれからずっと心配してたんだよ。家もなくなったって、いってたからさ、ふふっ、大変だったよね。いきなり大家に追いだされるとか」

「……すみません、人違いだと思うんですが」

身に覚えのない話なので、誰かと勘違いしていることがわかった。

「あれは？　彼女はどうなったの？　やっぱりまだリストカットしてるの？」

「リストカット……」

「すごかったよね。血がびゅーって、ふきでるまで深く切るなんて。懐かしいわ」

怖いことをいいだしたので、語気を強めて「人違いです」と伝えた。

「でもさ、そのうちわかるようになるよ。うん、うん。だってさ、ひとっていつか死ぬんだし、そういうのって、もうさ、運命みたいの？　が決まってるんだよ」

「あの！　本当に間違っているんで。もう失礼しますね」

そういって女性に背をむけて去ろうとしたとき。

「……あっそ。そんなことというんだ。じゃあまた逢いにいくね、Lさん」

名前を呼ばれて驚き、振り返ると女性はもういなかった。


それから数日に一度、その女性に逢う夢をみるようになった。

同じ地下鉄の階段のこともあれば、家にむかって歩いていることもあった。女性は現実に逢ったときと違ってまったくしゃべらず、薄笑いを浮かべてLさんを直視してくる。その夢をみたあとは心臓がばくばく鳴り響いて躰中、汗だくになった。これはいったいなんなんだ、とLさんは本気で悩みはじめた。

ある昼休み、上司と無駄話をしていて話題が夢の話になった。

Lさんは相談にのってもらおうと、あの女性の悪夢とそのきっかけについて話した。

上司は「若いおんなの夢なんて、うらやましい」と相手にしてくれなかった。

会社が終わって帰宅準備をしていると、後輩が話しかけてきた。

「あの、先輩が昼に話してた夢のひとって、ゴスロリみたいな服の女性ですか?」

そこまで話していないのに、とLさんはぎょっとした。

「その通りだよ。どうしてわかるの?」

後輩は、そのひとをみたことがあるといいだした。

「少し前に先輩、そこのカレー屋さんでひとり、ランチ食べたの覚えてますか?」

「ああ、覚えてるよ。混んでたね、あのときお店にきてたの?」

「私が入ったら満席で。そのとき先輩がいるのをみつけたんです。ランチ食べてた先輩のうしろに、ゴスロリのおんなの子が立ってました。なんだか、うすくて」

後輩がいうには女性は躰全体が透けていて、生きた人間にみえなかったという。

「でも顔だけやたらハッキリみえていて……特に笑ってる口が」

お祓いにいったほうがいいんじゃないですか？　と後輩は助言してくれた。


それから間もなく、Lさんは近くの寺でお祓いをしてもらった。

お祓いが終わると御札を渡された。

「寝室に貼ってください。汚れたら新しいものを渡しますので、またきてください」

汚れたらの意味は不明だったが、それより気になっていることを住職に尋ねた。

「私は、あの……俗にいう『霊にとり憑かれている』ということでしょうか？」

「違うと思います。生きている普通の『人間に呪われてる』に近いと思います」

「どうして……私はなにもしていないのに」

「逆恨み、みたいなものでしょう。気にしなくていいです。気にしたらそこを突いてくるので。最近、そういう逆恨みをする人間が多いので、お祓いの依頼も増えています。あなただけじゃないので、本当に気にしないでくださいね」

住職は笑っていたが、気の毒そうな目でLさんをみていた。

いわれた通り寝室に御札を貼ってから、夢をみないようになった。

ただ御札は煤《すす》がついたような汚れが浮かぶようになってきた。

(これが……汚れか)

寺に御札を持っていくと、住職はすぐに新しいものと換えてくれた。

汚れてはとり換え——汚れてはとり換え——それを繰りかえし、十回を超えたところで数えるのを止めた。

いまも寝室に御札は貼られているそうである。

起きていたのに

K口さんのお祖母さんであるT江さんは、朝五時ぴったりに起きる。何時に寝ても起きる時間が同じなので、年寄りはそういうものなのだとK口さんは思っていた。

「お祖母《ばあ》ちゃんって、朝いつも同じ時間に起きるよね。どうしてなの？」

あるとき尋ねると、T江さんはこんなことを話しはじめた。


嫁いできた日のこと、寝室で眠っていると「おはよう」と大声がした。

姑《しゅうとめ》だと思って慌てて起きたが誰もおらず、横で夫もすやすやと眠っている。神経質な夫だから、あんなに大声で挨拶されたら目が覚めてもおかしくないのに。

そう思いながらも時計をみると午前五時。台所で朝食の支度をする時間だった。

この「おはよう」という声が毎朝、聞こえてくる。おかげで寝坊したことがなく、姑から「ウチの嫁は働き者だ」とほめられた。誰が起こしてくれているのだろうと、T江さんはだんだん気になりはじめた。

あるとき用事で夫の家族が留守をし、ひとりで二日ほど過ごすことになった。

たまには遅い時間まで眠ろうと、T江さんは夜更かしをしてから眠った。

そのうちに朝になり、いつもの挨拶が聞こえてくる。

家には誰もいないので、やはり外から誰かが起こそうとしているのだとわかった。

家にきた日から一日もかかさず、ずっと聞こえているワケだからより不思議に思った。

もう起きていたが寝たフリをして、そのまま動かなかった。

何度も声が聞こえてくるので、やはり自分にむかって挨拶をしている。

おはよう。おはよう。おはよう。おはよう！　おはよう！　おはようッ！

声は大きくなっていき、だんだんと近づいてきている。

どうやら寝室の窓の外から聞こえてくるようだ。

（いったい誰が――？）

そう思っていると肩を誰かに掴まれ、ぐいぐいと躰を揺さぶられた。

T江さんは「きゃあッ」と悲鳴をあげて飛び起き、まわりをみたが誰もいない。

窓に目をむけたら黒い影のようなものが、しゅっと動いた。

すぐに窓に貼りつき外をみたが、庭にある小さな祠がみえるだけだった。

「きっと祠から誰かがでてきて、起こしてくれていたのよ」

そういってT江さんは、にこにこ笑っていた。

その祠は台風がきたときに壊れてしまい、それから挨拶がなくなったという。

しかし、毎日のように起きる時間が同じだったので習慣になってしまい、午前五時になると勝手に目が覚めるようになったのだそうだ。

繁華街なのに

京都府在住のS月さんに「怖い話はありますか？」と聞いてみた。

「私はありませんが父が生前、大阪の道頓堀《どうとんぼり》を怖がっていましたね。父はあの付近でむかし、居酒屋をやってまして。客が『川に顔が浮かんでいた』と話すことがあったそうです。そういう写真もみせられたことがあるらしくて。すごく怖がってました」

千葉県在住のIさんにも「怖い話はありますか？」と聞いてみた。

「ああ、道頓堀ですね。観光でいったんですけど川沿いを歩いていたら友人が気分悪いっていいだして。仕方なくホテルにもどったんです。しばらく休憩してたら治ったらしくて、私が『なんか食べものにあたっちゃったかもなあ』っていったら違う、川から男のひとが半分だけ顔をだして睨《にら》んでた、怖かったといってました」

大阪府在住のH村さんにも「怖い話はありますか?」と聞いてみた。

「人間の怖い話しかないけど、ツレがめっちゃ怒るねん。道歩いているだけのひとにケンカふっかけたりして。そんなヤツじゃないから、お前どないしてん、って言うたら『お前も殺すぞ』みたいなこと言うて。めっちゃ怖なってるねん。何日かして聞いたら謝ってきて『なんや知らんけど、道頓堀行ったら、いつもああなるねん。しょうもないことで憎しみがエグくなって。なんでやろ?』って言うてたわ」


兵庫県在住のH瀬さんにも「怖い話はありますか?」と聞いてみた。

「まあ、ないですけど……五、六年前に道頓堀でバイトしてたんですよ。狭い居酒屋やったんですけど。そこに住職さんがきて。店長の古い知りあいのひとで。その住職さんが『わしな、この街な、久しぶりにきたけど、やっぱアカンな』って言うんで意味わからんから、なにがアカンのですか、聞いたんです。そしたら『通りだけキレイにしても、川の流れが悪すぎるやろ。あれがアカンな』ってまた意味不明で。ああ、流れがあるほうが、川としてかっこいいって意味か思って。そう聞いたら『お前、アホやな。水の流れがないと、どんどん汚れるやろ。そういう淀みいうのは、悪いものをどんどん引き寄せていくんや。ひとも運もどんどん黒くなっていく。その証拠に、ちょっと川覗いたら、死んだヤツが次の死ぬヤツを待っとるんやろうな、道歩いてるひとたち、じーっと物欲しそうに見とるわ』って言ってたんで（このひと、なんて怖いこと言うんや）て思ったことはあります」

修理したかったのに

最近、企業への電話やメールはすべて録音して保存することになっている。犯罪に近いようなクレームへの対処や、社員の電話対応を向上させるためだが、とある電化製品の会社にこんな会話が保存されていたそうだ。私が直接、聞いたのではないが、人事の社員から細かく再現してもらったのが次のものである。


「もしもし、お世話になります、昨日ご連絡頂いた○○です」

「あ、どうも、お世話になります」

「すみません、遅くなりまして」

「いえいえ、お持ちしてました。あの、故障の件ですよね」

「はい、そうです。お客さまのご購入頂いた商品の故障についてなのですが、よろしいでしょうか？　それでですね、結果から申しますと、大変申しわけないのですが、こちらのほうで確かめたところ、お客さまが仰るような状態になるのは、こちらではいっさい確認できませんでした」

「え？　そんなはずはないのですが……」

「当社で販売している電子ピアノの一部は、プログラムとしてクラシックなどの曲が、もともと入っておりまして。例えばベートーヴェンやモーツァルトの曲です」

「そうですよね。自動演奏みたいな」

「はい。ですが、それらが勝手に鳴るということがない理由が三つほどございまして。ひとつはですね、選曲するのに手順がございまして。Mというマーク、こちらミュージックという意味なのですが、そのMマークのボタンをいっかい押して、音符記号が記されたボタンを押します。すると、赤ランプと数字の表示が点灯しますので、それで選曲をして頂き再生ボタンを押すと、もともとプログラムされている曲が流れる仕組みになっておりますので、その手順なしで勝手に再生されるという事例は、ちょっと難しいということでして」

「はあ……ですが、故障だから無視して流れるんじゃないんですか？」

「はい、そう考え調べた結果、ふたつ目の理由がございまして。当社の電子ピアノはコンセントが抜けている状態では作動しないのです。お客さま、おっしゃっていましたよね？　コンセントを抜いても、深夜に勝手に鳴ると。演奏がはじまると」

「そうなんです。近所迷惑になるから、すごく困るんです」

「それがですね、バッテリー式ならば充電がされて鳴るものもあるやもしれませんが、当社ではそのようなバッテリー式のものは、製造していませんので」

「え……実際、鳴るんですよ。バッテリー式だと思っていましたけど……」

「なるほど。それでですね、最後の三つ目の理由なのですが。お客さまがお買い上げくださった型番の電子ピアノには、そもそもプログラムの曲を流す機能がついておりません。そのため、音楽が流れるということはちょっと難しいんですよね」

「え？　絶対そんなことないと思います。深夜二時に鳴るんですよ」

「深夜二時でございますか？　それは確かにご近所迷惑になりますね」

「そうなんです、こっちも寝ているんで、びっくりして起きてしまうんです」

「そうでございますよね。念のため製造部署の者に尋ねたところ、過去に一度だけそのような事例がございまして。事故物件に住まわれている方で、その、申し上げにくいのですが、お祓いをしたらおさまったということがあったらしく」

「あ！　ウチ、事故物件ですッ。不動産屋に説明されていますッ」

「やっぱりそうですか。事故物件……」

「他にも変なこと、いくつかあるんですよ！」

「なるほど。ですので、大変に申しわけございませんが、お祓いをすることをお勧めいたします。そもそも、電源が入っていないのに動くということが、とても不自然なことですので」

「やっぱそうですよね、そっちかあ……あの、お祓いとか紹介してもらえませんか」

「いえ、こちらではそのようなご紹介はできませんので、ご了承ください」

「ですよね。ネットで探します」

「そうですね。お探しくださいませ。それでは以上になります。どうかお気をつけくださいませ。はい、どうもありがとうございました。失礼いたします」

大人なのに

夜中、トイレにいくのが怖いという娘に、ゆっくりと父親がさとす。

「もうお姉ちゃんなんだから、ひとりでトイレにいけるようにならなきゃ」

娘は困ったようすで、しばらく唸ったあと尋ねてきた。

「パパは怖くないの？」

「パパ？　パパは怖くないよ。だってもう大人だからね」

娘はふうん、とうなずいて続けた。

「でもね、大人だよ。ホントに怖くない？」

かみあわない返事だったので、どういうことか聞いた。

「でもってどういう意味？　パパは大人だから怖くないに決まってるじゃないか」

娘が違う、と首を振る。

「ううん、そうじゃなくて。ぴたッて、くっつくの」

娘がなにをいってるのか父親にはわからなかった。

「ん？　ん？　なんの話？」

だからぁ、と娘は少し面倒くさそうにいった。

「トイレ。トイレの話。夜、トイレにいって、トイレの窓に」

外から大人のひとが貼りつくの怖くないの？

父親のほうがひとりでトイレにいけなくなった、という話だ。

命日なのに

そのバーテンダーは一年の「とある日」だけ、カウンター席をひとつ空けている。

亡くなった常連、長さんという男性の命日だからだ。

長さんはバーボン党でハーパーが好きだった。

命日になると、注いだハーパーを一時間おきにだしているが、店を閉めるころにはグラスが空になっている——ということはない。

いままで特に怖いことは起こっていないが、一度だけこんなことがあったらしい。

長さんの命日、バーにやってきた常連のひとりFさんが呑んでいた。

しばらく話していたが、そのうち「いっかいチェックして」といいだした。

「ちょっと小腹空いたから、そこのラーメン屋いって、またもどってくるわ」

そういってFさんは財布をだす。

会計をしながら「長さんも一緒にいくか？　なんてな」と冗談をいう。

Fさんはお釣りを財布に入れ、立あがろうとして「ん？　あれ？」と足元をみた。

「どうしました？」

「いや……あれ？　なんだ？　た、立てない、あれ？」

足が動かない、といいだした。

他の常連が「ギックリ腰か？」と茶化したがFさんは本気だった。

「え？　なんで？　マジで立てない、ヤバっ、は？」

Fさんは大柄な男性だったので、普段から腰を痛めたりすることも多かった。

だがそのときは妙だった。

腰を痛がるようすもないし、上半身だけくねくねと踊るように動かし、なんとか椅子から離れようとしている。

椅子は床とつながっているタイプなので、ぎしぎしと軋んでいた。

バーテンダーも「……Fさん、本気ですか？」と声をかける。

「マジだよ、なんで？　え？　オレ一生ここで暮らすの？　とか冗談いってる場合じゃなく、マジで離れない、え？」

　みかねた常連たちが近づいていき、

「なにワケわかんねえことしてるんだよ、ほら、手ぇかしてやるよ」

　両腕を持って彼を立ちあがらせようとする。

　しかし、どうやってもFさんは椅子から離れない。

「これ足だけじゃなく、椅子から腰がくっついてるみたいだぞ」

　そのうち「長さんにむかって冗談いったからじゃねえの？」といわれだした。

「え？　そうなの？　長さん、ごめん！　ちょっと、マジでごめん！」

　Fさんは長さんの席にむかって謝ったが、それでも動けなかった。

「ラーメン屋いかせてくれ、長さん！　た、の、む、から！」

　よくわからない力に必死で抵抗していると、突然「うおッ」とFさんがうしろに引っくり返った。

「……離れた。なんだ、いったい……ワケわかんねえ」

「長さんが許してくれたんだよ、きっと」

「は？　なにを？　ラーメン屋にいくのをか？」

そのセリフでみんな大笑いした。

そのとき店の扉が開き、近くで働いているホストが入ってきた。

彼は頭から血を流しており「マスター、ティッシュちょうだい」と手を伸ばす。

「だいじょうぶですか！　どうしたんです？」

「ラーメン屋入ったら客同士が大勢でケンカしてて。巻きこまれちゃったよ」

その場にいた全員「え？」と驚いて、長さんの席をみた。


グラスの氷が、からんッと鳴ったそうだ。

忠告なのに

夫は働かず毎日毎日、ギャンブルばかりしていた。

妻は楽天的で貧乏が苦にならない性格だった。

誰にも文句をいわれないので夫はかなり調子にのっていたようだ。

妻を連れてパチンコにいったり競馬場にいったり。勝つこともあれば負けることもあった。本当にお金がないときは、ふたりで食事を我慢したりしていた。

借金して資金を作るという滅茶苦茶な生活だった。

とにかく夫は遊び呆けていたかったのだ。


ある昼間、夫婦で宝くじの当たり番号を調べていた。

小銭でも当たれば大喜びし、外れていたらガッカリした。

すると突然、天井あたりから声がした。

「そげなこと、まだおまえはしとるか、しるか」

妻が「なに？　いまの誰？」と天井を見上げたが、なにもない。

夫は「死んだ親父の声だった」と真っ青になっている。

よしんばそうだったとしても——。

「最後に『しるか』っていったのは方言？　どういう意味なの？」

「いや……違う。親父は『しるか』じゃなく『死ぬか』っていったんだよ」

忠告にしては怖すぎるので、夫はギャンブルを止めて働きだしたそうだ。

痒いのに

「頭悪いやつ、マジで多いよね。もうガッカリしてんだよ、オレ。このあいだもダチがさ、彼女欲しいとかなんとか、ワケわかんないこといいだしてさ。ホント、ああいう話聞いてるとさ、頭痛くなるんだよね。自分のルックスと知能、知ってるかって話なんだよ、わかりますよね？」

「そ、そうですね」

「そのうえさ、そいつ、いまだ派遣でさ、給料超安いの。貧乏なの。わかる？」

「わかります。派遣のひと、増えてますね。でもそれと彼女欲しいのは別では……」

「そうでしょ！　彼女欲しいとかワケわからんよね！　ブサイク、低能、金なし。もうさ、ヤバいよね。ヤバいやつって自分がヤバいとか、わかんないみたいだね。ズレてんだよ、マジで。自分のこと正しいと思ってるんだもん。激ヤバだよ。痒《かゆ》いわ。オレみたいにさ、匿名で社会正そうとしてる正義の使徒みたいなさ、真っ直ぐなこころの正しさ、絶対みんな持ったほうがいいよ」

「せ、正義感が強いんですね……」

「うん、そう。オレなんてさ、絶対許さないもん、芸能人のスキャンダルとかさ。いまの法律って滅茶苦茶だから弱者の主張って通らないじゃん。だからさ、ネットの力を使って、ガンガン煽《あお》るんだよ、みんなを。そしたらさ、あっという間にフルボッコにできるからさ、とにかくね、標的探してだれか叩く相手みつけてみ？　毎晩、家帰ったらオレ、やってるもん、悪人探し。そういう意味では実在するバットマンだよね、オレって。しかも自分の手を汚さないからさ、ヤバくなったらアカウント消したらいいし」

「アカウント……」

「もうね、相手が弱っていくのとか最高だよね、ホントに。謝罪とかしたらもうこっちのもんよ。だって、悪かったですゴメンナサイって、ダサいじゃん。そういうところでイッキに追い込みかけんだよ、わかる？　こうやってゴミムシみたいなやつらプチプチつぶしていくのってマジで快感、たまんねえよ。痒」

「痒そうですね、だいじょうぶですか？」

「このあいだもさ、近所のＢＢＡ、前からウザかったんだけどさ、猫と遊んでいるところ動画に撮って、これ虐待じゃね？　って因縁つけてアップしたらバンバンひとが集まって、もう気持ちよかったね。ＢＢＡ住所特定されて困ってたもん、家からでれねえからもう餌もあげれないんじゃないの。マジサイコー。だってさ、野良猫に餌やるのって違法じゃん、知らんけど。また街を綺麗にしちゃったって感じでもう止められねーよ」

「クセになっているんですね」

「うう、痒。ちょっと悪いんだけどさ、背中の真ん中らへん掻いてくんね？　もう最近ストレスで皮膚弱ってんだよ。痒くて痒くて仕方ねえわ」

「え？　ここですか……あまり酷いなら病院にいったほうがいいのでは？」

「病院？　いったよ、とっくに。全身なんか知らないけど、ちいさい爪で引っ掻いたみたいな、うすい傷が浮いてくるんだわ。最近、夜中に窓からだれか覗いてくる夢ばっかりみるし。案外、あのＢＢＡの猫の祟りだったりして。なんちゃって。ああ、痒ッ、痒ッ、痒いわマジで」

「ちょとみせてもらっていいですか？」

「あ、うん、みてよ、みてよ。どんな感じになってる？」

「これ、なんですか？　確かに引っ掻いた跡みたいになっていますね」

「だろ？　鏡みたもん。背中のそんなトコ、手が届かないよ。もう最近ずっとこうなのよ、浮きでてくんのよ。いったいなんなの、これ。マジで痒いわッ」

「……本当に猫ですか？　確かに細いのが多いですけど、四本まっすぐ並んでるところもありますよ……これ、人間の爪痕っぽいんですけど」

「嗚呼、痒ッ痒ッ痒ッ、痒いッ！」

ありがたいのに

隣家の窓が光ったあと、その部屋で隣人の家族が亡くなっていたのを知った。

寝室が明るいが光源がわからず、不思議に思っていた翌日、妻が事故で亡くなった。

病室で患者が亡くなる前夜、暗闇で患者の躰自体がぼんやりと光っていた。

このように、ひかりを目撃したあと、ひとが亡くなるという話がいくつかある。


遺体から火の玉のようなものがでて、空中のひかりに入っていった——。

あるお婆さんが戦時中にそんな体験をしている。

私はこれを聞いて前述した「ひかりの目撃談」を思いだした。そしてそれを彼女に話すと、彼女は「うん、うん。わかる、わかる」と妙に納得していた。

わかりますか、と聞くとお婆さんは優しく微笑《ほほえ》んだ。

「本当はそのうち、皆がわかるものだけど、生きているときに知っておくとありがたいね。だって、そのときがきても怖くないでしょう？　終わりじゃないんだから」

なるほど、面白い意見だと私は思ったが、お婆さんは笑みを消してこういった。

「そのひかりをみたひとたちの話。全部、みどり色だったでしょう？　あの世っていうのは、不気味なみどり色なんだから」

埋めただけなのに

儀式などは特にせず、井戸を埋めただけである。
次のようなことが起こったので、ここに記録しておく。

家のなかでひとの気配がするようになった。
家族ではない誰かが歩く、ぎしぎしという音が廊下から聞こえるようになった。
部屋にいると時おり、人影を目の端に捕えるようになった。
寝ているときに目覚めて躰が動かないことが、頻繁に起こるようになった。
男の唸り声が聞こえるが、どこから聞こえるのかわからない。
親せきや知人の訃報が増えた。
父親がバイク事故で足を複雑骨折してしまい、仕事にいけなくなった。

つまずいたり怪我したりが絶えず、日常的に運がさがったような気がした。
誤解されることが多くなり、人間関係にうんざりするようになった。
仕事がトラブル続きで上手くいかなくなった。
拝み屋を駅に迎えにいったら原因不明の出火、家が全焼してしまった。
その火事で家にいた父親が焼死してしまった。
間にあわなかったと謝罪した拝み屋は、帰りに事故死した。
Yさんに起こったことは以上である——どうか参考にして頂きたい。

埋めただけなのに２

こちらも儀式などは特にせず、井戸を埋めただけである。
次のようなことが起こったので、ここに記録しておく。

彼女に浮気され、別れることになった。
父親が経営している会社が、社員の大きなミスにより倒産した。
母親が倒れて病院に搬送されたのち、病気が発覚して余命を宣告された。
自分のお金が過剰に大事に思えて、ものすごくケチになった。
兄が理由なく精神を病み、奇行に走るようになった。
飼っている犬が狂ったように吠えたあと、自分の足を噛み千切った。
テレビやＳＮＳをみて、掲示板に悪口を書くのが好きになった。

弟の背中に大きなニキビができた。
神社の神主がきて「なにかおかしい」といって、転んで怪我をして帰った。
電化製品のスイッチが勝手についたり、勝手に消えたりを繰り返すようになった。
物が紛失したり、置いてあったところから移動していたりするようになった。
スマホのアシスト機能が話しかけていないのに、話しだすようになった。
何匹ものゴキブリが床や壁を走りまわるようになった。
警察官が訪ねてきて「騒音の苦情がきている」と注意された。
やはり、寝ているときに目覚めて躰が動かないことが、頻繁に起こるようになった。
弟のニキビが何倍にも大きくなり、手術をすることになった。
犬がもう片方、自分の足を噛み千切り死んでしまった。
激しい雨漏りで、本棚の本がすべてダメになった。
食べているときだけが楽しくて、食べながら意味もなく笑うようになった。
掲示板に書いた内容のことで訴状が届いたが、なぜかそれも笑ってしまった。
弟が手術の日に病院にいかず、突然でていき帰ってこなくなった。
また神主がやってきて「井戸を掘りおこして儀式をしろ」と忠告した。

心療内科に通うようになった。
食べものが腐るスピードが速くなった気がした。
家の柱に顔が浮きでて、嗤いかけてくる幻覚をみるようになった。
兄が手でゴキブリを捕まえて殺し、ゆで卵にのせて食べた。
世のなかの全部がウソに思えて、ネットで陰謀論を調べるようになった。
もっと疫病や災害が増えますようにと祈るようになった。
兄が駅前のビルで飛び降り自殺をして、追いかけるように両親が首を吊った。
留守にしているあいだに帰ってきた弟が放火、弟も家も燃えてなくなった。
いまは友人の家に住んでいるが、友人が自分のことを憎んでいる気がする。
Rさんに起こったことは以上である――どうか参考にして頂きたい。
ちなみに、墓参りを長年怠《おこた》り、こちらと類似したことが起きる話もある。

返ってくるのに

新型コロナウィルスが蔓延するよりも、ずっと前の出来事である。

神奈川県在住のK辺さんから聞かせてもらった話だ。

彼はマンションで父親と母親、三人で暮らしていた。

会社にいく前に、母親がだしてくれた朝食を口にしたときだった。

「ん？　母さん、玉子焼きの味がないよ。お塩、忘れたんじゃないの？」

テーブルのむかいの席に座っていた父親が読んでいた新聞を少したたみ、玉子をひと口食べて「オレのは味ついてるけどな」といった。母親は「あら、ごめん。ちゃんと入れたと思ったけど。なんかつけて食べなさい」とフライパンを洗っている。

K辺さんはテーブルに置かれていた醤油《しょうゆ》をかけて、口に放り込んだ。

——ない。まったく味がしないのだ。

そのことを両親に伝えると、ふたりとも顔を見合わせた。

風邪ではないのかといわれたが、発熱や寒気や関節の痛みなど他に症状はない。

病院にいくことを勧められたが、仕事があるからそういうワケにもいかない。

K辺さんは「とりあえず、ようすみる」とお弁当を持って家をでた。

昼休み、弁当箱を開けたK辺さんは不安に包まれていた。味覚がなくなるとは、いったいどういう病気なのか。もしもこのまま、ずっとこの状態だったら……。

祈るような気持ちでタコウインナーを箸でつかみ、口に運ぶと味があった。

安心と美味しさで嬉しくなったK辺さんは、お弁当を勢いよくたいらげた。


帰宅すると母親がテーブルに座ってテレビを観ていた。

「ベロ、味覚ね。なんか治ったわ。もしかして寝ぼけていただけかも」

着替えながら話していると、母親は「治ったのってお昼前?」と尋ねてきた。

昼前かどうかわからないが弁当を食べるときには、と説明すると、

「あんたとお父さんが仕事いったあと、玄関のドアポストでみつけたの。誰がやったのか考えてたんだけど……わからないし。とりあえず抜いたのが、お昼なの」

母親がよくわからないことをいいだした。

「なにいってるの？　みつけたってなにを？」

母親は「これ」とテーブルの上を指さした。

そこには短い釘と、手作りだろう、ワラ人形が置かれていた。

「……なにこれ？」

「みればわかるでしょ。釘が頭に刺さっていた。私がすぐに抜いたけど」

K辺さんは驚きつつも、ワラ人形を手にとってみた。

頭の部分、それも顔のやや下の箇所に釘でできた穴が開いていた。

「あんた……誰かに恨みかってるんじゃないの？」

「……うそだろ」


そのあとK辺さんはワラ人形を使用する「丑《うし》の刻参《こくまい》り」について調べた。

深夜に神社、とんでもない格好。いろいろなことがわかったが、木に打ちつけるのではなく投函されていたのはなぜか、誰がやったのか。重要なことはわからない。

友人に相談すると「プラシーボ効果の逆を狙ったんじゃねえの」といわれた。

「なんだよ、プラシーボ効果って？」

「栄養サプリでも、医者から薬だっていわれて飲んだら治るの。思い込みのこと」

「自己暗示ってことか？」

「ようするに誰かが自分を『呪ってまーす』ってわかると、イヤな気持ちだろ」

「うん、すげえイヤな気持ちになる」

「そのせいで躰に不調が現れるのよ。相手の狙いはそこにあるんじゃないの」

しかし、ワラ人形がみつかったのは味覚がおかしくなったあとである。

もし友人のいうプラシーボ効果の逆（ノセボ効果）ならば、呪われているという認識より先に不調がでるのは、やはり妙である。もしかしたら、あれは本当に呪いが効いていた可能性があるのではないか——そうK辺さんは考えるようになった。


母親の友人の紹介で、霊能力があるというひとが家にくることになった。

「呪いは症状があったから信じる要素あるけど、霊能者とかどうなんだろ……」

そうK辺さんが漏らすと、母親はこういった。

「私も信じているわけじゃないけど、無料だし。逢うだけならいいんじゃないの」

家にきた霊能者は思ったより普通の主婦だった。

ワラ人形を手にしてK辺さんの顔をみて「だいじょうぶです」と笑った。

「恨みを持たれているというワケではありません。無差別テロみたいなものです」

K辺さんと母親は「テロ?」と同時に声をあげた。

「これをドアのポストに入れた人物は、あちこちの家のポストに同じようなものを入れています。ランダムに呪いをばら撒いているんです。息子さんは本人が思うより、そういった感性が高いのでしょう。それで一時的に影響があっただけです」

K辺さんは無差別と聞いて「なんでそんなことをするのでしょう?」と返した。

「そういうひとなんです。意外に多いですよ、特に最近は。自分が発端《ほったん》で起こった悪い出来事を誰かのせいにして——誰かに、または社会に復讐したい。でも保身だけは強いものですから、こそこそと隠れながらこんな形の嫌がらせをする。業の深いひとですね」

母親は「そんなの……めちゃくちゃじゃないですか」と眉間にシワをよせる。

「でも、そんな負のちからなんて長続きしませんし。気にしないでください」

霊能者はお茶をすすりながら「美味《うま》し」とひと息ついている。

K辺さんは「警察とかに届けなくていいんですかね」と普通の意見をだした。

「だいじょうぶです。そういう八つ当たりみたいな行動って、何倍にもなって、そのひと本人とそのひとの家族にもどっていきます。具体的な痛みとか病気になることが多いので、いつまでも続けることはできません。呪いとはそういうものです」

彼女の言葉には説得力があり、K辺さんは納得してしまった。

母親が「確かに、そういうひと多いですよね。どうしてそんな無意味でバカなことをするんだろ?」とうなずきながらいうと、霊能者はまっすぐこちらをみる。

「あなた、自分が正しいと思っているでしょう? ひとを過小評価して、無意識に悪人であって欲しいと願っている。そうすれば堂々と叩けますからね。他人に痛みを与えて、その痛みが想像できないなら、理解させるために痛みが返ってきます。悲しみを与えたなら悲しみが。それが業です。相手にも感覚があり家族がいるんです。想像したことありますか? あなたにいっているんですよ。これを読んでいるあなたに」

好きなのに

ひとむかし前のことだが、某出版社が怪談雑誌をだしていた。

その雑誌には「本当にあった」ということを条件にした怖い話の募集があった。体験談を送ると電話がかかってきて、話の真偽を確かめるべく、事細かに詳細を尋ねるという徹底ぶりだった。

そこまでは面白そうなのだが、担当者の人格に問題があった。雑誌では著名人を相手に仕事をしているせいか「ひとをみる性格」だった。書いたら死ぬという話があったら電話をかけて「あなたこれ書いているから死ぬんですよね？　死ぬんですよね？」と粘着質な質問を投げてくる。

有名なひとには頭を下げるが、新人や素人はバカにする性格だったのだ。

その担当から嫌がらせのような電話を受けたNさんは、怪談が嫌いになった。

文章など書いたことがなかったが、懸命に推敲《すいこう》して送った。

そのあとかかってきた電話での対応が酷すぎた。うんざりしたNさんは妙にむなしくなって、その雑誌を買うのを止め、怪談をいっさい読まなくなった。


数年前、Nさんの母親が入院した。

仲が良かったので回復して欲しかったが末期のガンだという。

母親本人もそれを知らされていたが、落ち込むようすはみせなかった。

「あんた霊とか好きでしょ。霊になったら、なにかして知らせてあげようか?」

そんな冗談をいって欲しくなかったNさんは、苦笑いを浮かべた。

「そんなことというなら、先に死んだ親父はどうしてでてこないんだよ」

「さあ? 約束してないからじゃないの。あんた、むかしから怖いの大好きだものね。子どものころから、そういうのばっかり読んでたし。死後の世界の本とか」

「そんなのもう読んでないよ。別に信じてないし」

あら、と母親は目を丸くしていった。

「あんたの部屋の押し入れのなか、そんな本ばっかりじゃないの」

「もう読んでないってば。別に面白くないし。つまらないひとも多いし」

「どうして？　好きなものを自分で悪く判断したり、わざわざ批判しなくてもいいじゃない。いろいろなひとがいるけど……人生、楽しんだもの勝ちなんだから」

私は楽しかったわよ——そう笑った母親は翌月に亡くなった。

病院で母親を看取《みと》ったあと葬儀の準備のため、ひとりになった家に帰ってきた。リビングに入ると、良い香りが部屋いっぱいに漂っている。母親が育てていた、たくさんの観葉植物。その花がすべて咲いていた。いままで一度も咲いているところをみたことがなかったものまで、大きく花を広げていた。

Nさんは「お母さん、ありがとう」と泣き崩れたそうだ。

「怖いものを楽しむということの、本当の意味がわかった気がします」

Nさんはそういって怪談本を片手に笑った。

石なのに

都内に住む主婦、M加さんから聞いた話である。

ある夜、夫のスマホが鳴った。

彼は「もしもし」と寝室をでて小声で話していた。遅い時間に連絡がくるのは珍しかったのでM加さんは少し気になった。寝室にもどってきた夫に尋ねた。

「だいじょうぶ？　誰から？」

「母さんだよ。平気。叔父さんが事故で死んだって」

「……ぜんぜん平気じゃないよ、それ」

叔父さんは子どものころに何度か逢っただけで、ほとんど知らないらしい。

もう何十年も、親せきの誰ともつきあいがなかったそうだ。

翌日、通夜や葬儀の手伝いのため、夫は実家にむかった。

三日ほど経って夫は帰ってきて、ソファに腰かけた。

「どうだった？　久々の地元は」

「疲れた。叔父さんの家、なんかすごかった」

そういってスマホをだすと、撮ってきた写真をM加さんにみせた。

写真にはパイプラックが写っていて、そこに黒い石のようなものが並んでいた。

「なにこれ？　石みたいにみえるけど」

「石です。叔父さん、石を集めてたみたい。その石さ、大きくして……よくみて」

スマホの写真を指で広げて、石のひとつをアップにする。

「きょうはゆうびんきょくのひとがきて、いいあいになった。ぽすとのなかに、てがみをいれるのが、ふつうとはいうけれど……なにこれ？　日記？　なんで石に？」

マジックペンで字がびっしりと書かれていたので、黒い石にみえたのだった。

「そうなんだよ。全部です。ぜーんぶの石に字が書かれてます」

「……なんで？　なんで紙じゃなくて石に日記書くの？」

「ぜんぜんわからない。石日記だよ」

「……変わった……ひとだったんだね」

「それだけじゃないんだよ。部屋に手作りの棺桶があった。叔父さんが作ったみたい。あとレンタカーと葬儀場の手配もされていた。準備万端」

「え？　自殺なの？　事故っていってなかった？」

「信号待ちしてたら車が突っ込んできたって。間違いなく事故死らしい」

「え？　どういうこと？　じゃあどうして棺桶とかあるの？」

「もう、みんな不思議がってた。わからないんだよ。これみて」

夫はさらにスマホで撮った石日記をみせた。

「えっと……あといっしゅうかんで、しんでしまうらしいので、きょうからじゅんびをするけど、にっきはこれでさいごに……ん？　どういうこと？　なにこれ？」

夫はひと言「石予言」といってため息をついた。


夫の親族はもの凄い数になる叔父の石を迷いなく処分したが、本当に意味がわからないとモヤモヤした気持ちになったそうだ。

渡ったのに

H幸さんが中学生になったばかりのころだった。

昼休み、騒がしいので何事かと思い、集まったひとだかりに入っていく。同級生がいたので「どうしたん？」と聞くと「アホがあんなところに」と上を指さした。

校舎の四階、足場一五センチほどのヘリ（縁）に生徒が立っている。その子の上は屋上だが、ヘリから屋上にあがるには突起のない壁を登らなければならない。

「どうやってあそこに立ったんやろ？」

落ちたらとても無事にすみそうにない。少なくとも大怪我はするだろう。

よくみると同じ小学校出身のIくんだった。

「……Iくんや。あいつ、どうやってあんなところに登ったんや？」

Iくんは震えながら、泣きそうな顔で困っていた。

そのうちに男性教師たちが大勢走って校舎に入り、階段をあがっていった。

屋上にでて、ひとりが躰をロープで結びつけ、他の教師がロープを持つ。

そのままヘリまでおりてきて、Iくんを抱えて屋上に再びあがった。

屋上からIくんがビンタされる音が響いてきたそうだ。


翌日、H幸さんは廊下でIくんに逢ったので、昨日のことを尋ねた。

もう何人にも同じことを聞かれたのだろう、Iくんは面倒くさそうに答えた。

「だから！　鬼ごっこして逃げとってん。いつの間にかあそこにおったの！」

「屋上からあそこにおりたんか？　でも屋上は鍵閉まってたやろ？」

「渡り廊下からあそこにいったんや！」

確かにむかいには、もうひとつ校舎はあるが渡り廊下なんてない。

「ホンマやって！　あったんやッ」

そんなことを話していると、担任が廊下を歩いてきた。

「あ、先生。コイツ渡り廊下があったとか、ワケわからんこというねん」

担任は苦笑いを浮かべた。

「渡り廊下か。むかしあったんやけど、老朽化でとり壊してんで」

「え？　そうなん？」

「いわれてみれば、あの渡り廊下を渡ったらちょうどあの位置につくやろうな。もうとっくに埋めてしまったけど、あそこから校舎に入れる扉があったし。お前もしかして、鬼ごっこしながらタイムスリップしたんかもな、ちょっとだけ」

そういって担任は、また苦笑いを浮かべたそうだ。

桜なのに

昼休み、ＯＬのＣ谷さんは後輩とお弁当を食べていた。

すると突然、Ｃ谷さんと後輩のあいだ、なにもない空間から甲高《かんだか》い声で、

「アリガト、サヨナラ」

あまりにもハッキリ耳にしたので、Ｃ谷さんは驚いた。

後輩も「いま音声ソフトみたいな声しましたよね」とキョロキョロしていた。


仕事にもどってからも、声の正体を考えていた。

もしかして家族になにかあったとか——そう思うとだんだん不安になってくる。

仕事が終わったらすぐに実家へ電話をした。

なにか変ったことがなかったのか尋ねると、母親は「うーん」と唸った。

「実はね、あんたにいうなってお父さんからいわれてたんだけど……」

今日の昼間、庭にあった桜の木を業者に頼んで切ってもらったのだという。

C谷さんが子どものころから大好きだった桜の木。

――けなげにも別れをいいにきてくれたのか。

そしてこの体験から、植物にも魂があることをC谷さんは信じている。

危ないのに

S村さんが小学生のころ、緑地公園で遊んでいた。

「今度はあっちに行って、魚見ようや」と友だちと池のほうへむかおうとした。

すると「ちょっとボクたち」とうしろから声をかけられる。

振り返るとパーカーをかぶった女性が、S村さんたちに手招きをしていた。

女性の前までいって「なに？　お姉ちゃん誰なん？」と尋ねる。

「あのね、お姉ちゃんね、いいこと教えてあげる」

そういってしゃがみ込み「あそこらへん見て」と指をさした。

そこはいまむかおうとした池の方向だった。

すこし高台になっていて、池を見下ろせるようになっている。

「なに？　なにがあるん？」

「いいから見ててな。もうすぐやで」

女性がそういうと、高台がざざッと揺れて、地面が崩れ池の水面に落ちていった。

前日の雨で土がもろくなっていたのだ。むかっていたら、おそらく自分たちも池に落ちていただろう。

「な。危ないから池に近づいたらアカンで」

女性は立ちあがり、にっこり笑うと去っていった。

そのときは、危ないということを教えてくれた親切なひとという認識だった。

なぜ女性は地面が崩れることを事前にわかっていたのか――S村さんは不思議で仕方がないという。

きよみだったのに

こちらは、ほとんどテープ起こしをしたままの話になっている。詳細な箇所はプライバシー保護のため変えさせて頂いたが、大まかな筋や現象はそのままである。

取材がはじまってすぐ、Mさんはこんな質問をしてきた。

「死んだひとって人間のころと違ってしまうんですか?」

質問の意味がわからず「どういうことでしょう?」と怪談社の取材者が返す。

「こころというか性格というか……まるで別人みたいになっていたんです」

「亡くなったひとに逢ったことがあるんですね」

こくりとうなずいたMさんは眉間にシワをよせて続けた。

「きよみっていう名前の幼なじみだったんです。子どものころからずっと仲も良くて。高校三年生になって間もなく、すごく酷い事故で亡くなってしまったんです」

「酷い事故……差し支えなければ、どんな事故か教えてもらえますか」

返答は残酷な表現が続いた。事故に巻きこまれてトラックに引きずられたらしい。

「遺体は傷だらけだったので……葬儀の参加者にはみせないことになっていたのですが、私はみせてもらいました」

「最後のお別れなので、ご両親が許可してくださったんですね」

「そうです。きよみ、あんなに美人だったのに、肌色のテープでずいぶん補修されていて——可哀そうに、痛かったね、って泣きました」

「よっぽどの事故だったんでしょうね。お気の毒に」

「きよみの親は夫婦ともに地元で医院をやっていたんですが。ショックでなにも手につかない状態になってしまって、すぐに医院を閉めてしまったんです」

「閉院して、なんの仕事もしなかったんですか、ご両親は」

「きよみ、群馬にある別荘が大好きだったので。両親とも別荘のほうに引っ越してしまったと聞いています。そこでまた仕事に復帰したかどうかは知りません。医院は土地も売らず建物もそのままで、ずっと放置されていました」

「廃墟みたいになっているんですか?」

「そこまでぼろぼろではありませんが、そんな感じです」

取材者がメモをとっている音が録音されている。

「あの、この話って使うんですか?」

「……わかりませんが、使うとしても場所と名前はださないので」

「できれば、きよみという名前は使って欲しいです」

取材者が「名前ですね。わかりました」と返事をして、Mさんは話を続ける。

「私が大学生になって実家を離れて。卒業する一年前だったかな、もどってきたんです、地元に。就職も決まっていたので、その報告も兼ねて。何日かの滞在だったので久しぶりにあちこち歩きまわって懐かしんでいました。ああ、この公園みんなで遊んだなとか。このファミレス、ドリンクバーだけで何時間もいたなとか。ノスタルジックになりたかったんでしょうね、気分的に」

「そういうモードになること、ありますよね」

「そのうち陽も落ちて暗くなったので、実家へもどることにしました。歩いていると例の医院がみえてきたんです、きよみの両親がやっていた。ああ、ここ、まだそのままにしているんだ、と寂しくなりました。連絡をとっていないのでわかりませんが、きよみの両親はまだ立ち直ってないんだろうなと思って。医院に近づいてなかを覗きましたが、暗くてよくみえません」

「その医院にも思い出があるんですね」

「はい。小学校低学年のころ、医院が休みの日にきよみと私でこっそり忍びこんで、お医者さんごっこをしていました。いつも私が患者役で、きよみがお医者さん。楽しかったんですよ、ごっこ遊び。そして私、なんとなく――なんとなくです。医院の扉を押したら、開いたんです。がちゃって」

「開いたんですか？　閉鎖している医院が」

「私も、え？　鍵閉めてないの？　もちろんそう思いました。でも気がついたらそっと、足音を立てないよう、なかに入ってしまいました。暗かったので、携帯のライトをつけました。何年も使っていない割にはきれいで、今日も患者さんたちがきていたかのようでした」

　なかのようすを尋ねるとMさんはすらすら答えていた。

「小さい医院ですからね。受付があって、待合の椅子が並んでいて。診察室。あとベッドや機材や薬品が置いてある部屋が三つほどあったんです」

「それは診察室ではない部屋ですか？　それも診察室だったんですか？」

「使っていた診察室は、確かひとつだったと思いますが部屋は三つありました。その診察室の横、ベッドがある部屋で、ごっこ遊びをしていましたから、わかります」

「なるほど。そこも懐かしい場所のひとつなんですね」

「はい。そこでまた妙に哀しくなって。きよみは医療系の大学を目指していました。もしも事故さえなければ、いずれこの医院を継いでいたかもしれない。私も仕事が終わったらご飯を食べにいく約束なんかして、この待合の椅子で彼女の仕事が終わるのを待っていたのかもしれない。でも現実は誰もいなくなった医院で、私は携帯のライトをつけて子ども時代を懐かしんでいるだけで——そう考えると涙がでてきました。ああいうのって自己憐憫《れんびん》っていうんですかね」

「……喪失を埋めるには、そういう時間も必要だと思います」

「とにかく私、椅子に座ってそんなことを考えていたんです。そしたら、がちゃって音が聞こえて」

「音？　どこからですか」

「それがベッドのある部屋からのように思えて。私、立ちあがってその部屋の前にいきました。なかで気配がするんです、誰かいる気配。あと、声も聞こえました」

「声？　誰かいたんですね」

「私、逃げようかとも思ったんですけど、もしかして、きよみの両親、お父さんかお母さんが実はいま、いるんじゃないかって思いました」

「なるほど、なら医院の鍵が開いていても不思議ではありませんよね」

「ゆっくりドアを開けて――暗かったんで、なかを凝視しました。そこに――確かにひとがいました。女性です。ベッドの横の椅子に座って。こっちに背中をむけて」

ここで取材者が唾《つば》を呑む音とMさんの震える声。

「その女性、半裸なんです。いや、裸だったかもしれない。ハッキリとはみえませんでした。え？　誰？　携帯のライトでそのひとを照らしました。左腕はこう、だらんって垂らして。右腕は肘を横腹につけたまま、右手首を大きく左右に振っているんです、躰ごと揺らせながら。ぶつぶつなにかいってました」

「聞きとれましたか？　躰を揺らしながら、なんていっていたんですか？」

「熱をはかりましょうか、ふふふ。お注射しましょうね、ふふふ」

「……」

「私……誰ですか？　って声をかけたんです。動きをぴたりと止めて、その女性ゆっくり、ゆっくりこっちをむきました。血まみれでした。流れているのではなく固まったような血です。顔の皮が半分以上剥がれて、ダラリとぶら下がってました。口というか……アゴが歪んでいました。でも笑っていました、白目で。その女性は間違いなく葬儀のときの――きよみでした。

私は悲鳴をあげましたが、彼女には聞こえていないようでした。私のほうをむいているのに、みえていないというか。首を傾げるような動きをしたあと、またさっきと同じ動作を続けだしました。お注射しましょうね、ふふふ、熱をはかりましょうか、ふふふ、お注射しましょうね、ふふふ、熱をはかりましょうか、ふふふ、お注射しましょうね、ふふふ。私は腰を抜かしてしまって、逃げたかったんですけど動けませんでした。きよみはそのあいだも笑いながら続けます」

「ごっこ遊びですか、彼女がしているのは」

「多分そうだと思います。でもなんというか、自我がないというか、まるで別のひと……壊れた玩具というか、それをずっとみていました。そのうちに耐え切れなくなって、逆に這いつくばりながらその場を離れました。医院をでるまで、ずっと声が聞こえて、私は安心していました」

「安心？　どうしてですか？」

「声が聞こえているあいだは、きよみは部屋にいるし、こっちにこないからです」

「……そうですね、おっしゃる通りです」

「それから地元にもどっていませんし、いま医院がどうなってるのか、わかりません。ただ、私はやっぱり思うんです。死んだひとって、生きているときとはまったく違う別のモノになってしまうんじゃないかって。どう思われます？」

　取材者は「うーん」と少し考え込んでから、口を開いた。

「それはわかりませんが、私にも疑問がありまして。どうしてこの話、きよみさんの名前を使って欲しいんですか？　普通、そこは変えてくれというのですが」

　Mさんは取材者の質問に答えた。

「だってあんなに気持ちが悪いモノがいる医院、早く地元から消えてなくなって欲しいじゃないですか。こうやって話していると語りなら語りで、本なら本で、きよみの両親がいつか知るかもしれないじゃないですか。知ったらさすがに放置しないでしょ、金持ってるから放置してても気にしてないんですよ、きっと」

けたけたとMさんは笑いだして、取材者は黙りこんでしまった。

別人のようになるのは、死者も生者も同じかもしれない。

暑いのに

型枠大工を家族でやっているDさんの話である。

父親が食事中、箸《はし》をくわえて考えこみ「……あッ」と声をあげた。

Dさんは「親父、どうした?」と尋ねた。弟も母親も父親の顔を覗き込む。

「お祖父ちゃん……遺書ってないよな。そんなのあったっけ? ないよな」

Dさんの祖父は突然の脳溢血で、四カ月前に亡くなっていた。

隣の平屋に祖父と祖母は住んでいたが、当時から祖母は長期入院しており、祖父はひとりだった。たまたま母親が家事をするため平屋にいたので発見は早く、すぐに救急車は呼べたが、それでも間にあわずそのまま逝ってしまった。

「遺書なんてあるワケないだろ。なにいってんだ」

「あのさ……こんなことお前たちにいうのはアレだけど、土地の権利書って、どこあるか知ってる?」

Dさんが病院の祖母に聞いたところ「さあ?」という答えが返ってきた。

「……さあ? じゃなくて。親父がパニックなんだよ。知らない?」

「知らないねえ。金庫とかないし。机のひきだしとかは探した?」

「普通、誰でも開けれる机のひきだしに土地の権利書入れないだろ……探したけど」

こめかみを掻きながら「そうだねえ……」と祖母は考え込んだ。

「工場……工場に埋めたっていってたような、いってなかったような」

「いってないなら知らないから、いってたってことだよ。工場の床、土のままだし」

「うん、多分いってた。でも、どこに埋めたのか、までは……わからないねえ」

Dさんの祖父が住んでいた平屋の敷地はかなり広い。

以前は平屋の横に木造二階建てのアパートが建っていた。たくさんの家族が住んでいたが、田舎の不便な場所ということもあり、ひとがどんどん減っていった。住人がいなくなったのを機会に祖父はアパートをとり壊して、木材を加工するための工場を建てた。だが経営が上手くいかず、すぐに閉鎖してそのまま放置されていた。

その夜、Dさんと父親は自分たちがまったく興味のなかった工場の前に立った。

施錠を解き「じゃあ開けるぞ……てか開くのか？」と鉄扉をスライドしていく。

鉄扉は錆びついていたようだがガガガッと音を響かせて、なんとか開いた。

機材だらけだと思っていたが、とっくに売り払っていたらしく、なにもない。確かに床は地面だが面積が広く、ちょっとした体育館ほどはある。このどこかに権利書が埋まっていると思うと、Dさんも父親も気が遠くなった。

「親父。オレね、すっごい面倒くさいことになったのを感じる」

「息子よ。オレもだ。これは我々だけでなんとかなる問題ではない」


その休日は真夏の炎天下になってしまった。

「みんな！　休みの日だというのに、ようこそ集まってくれた！」

Dさんは軍隊の隊長のように、シャベルを持った十数人の社員たちに叫んだ。

そのうち数人はもうすでに、びちょびちょに汗をかいている。

「もうご存知だと思うが！　ミッションを説明する！　この工場内に祖父が宝を隠し

た！　それを手にした者はこの世のすべてを手にするという。それはなにか！」

社員のひとりがダルそうに「けんりしょー」とつぶやく。

「そう！　その通り！　権利書だ！　それはキミたちにとって、ただの他人の家の権利書かもしれない！　だが考えてみて欲しい！　権利書がみつからず社長が、つまりウチの親父がおかしくなったら、ウチの会社はどうなるか！」

弟が暑さに耐えきれず「アニキもういいから、早く開けて」と苦言を呈した。

「それではお待たせしました！　こちらが本日の現場です！　はりきってどうぞ！」

Dさんは鍵を間違えて差し込みつつ、汗だくになりながら開錠して鉄扉を開いた。

開けた途端、工場内からは熱風のような空気が外に流れた。社員たち全員の「あわあ……」という絶望の声も周囲に流れた。スキマもない工場の壁は完全に内部の温度を異常なものへと変えていたのだ。

「……アニキ。いまここ入ったら全員死ぬ。業務用の扇風機、持ってこよう」

地獄のような光景になった。

ずらりと横一列に並んだDさんと社員たちは、入口からシャベルで地面を掘っていく。

四台の扇風機はいちばん奥に設置されて入口の方向、列に風を当てていた。それでも暑さは相当なものだった。外に置かれている氷が入った大量のバケツに、ペットボトルのお茶や水が投入されていたが、あっという間になくなっていった。

母親と叔母はスーパーに買い出しにいったり、大量の食事をつくったりして手伝ってくれた。社員たちはその水を飲んだり、飲まずにざばざばと頭からかぶったりしていたが、そのうち熱でどうかしてしまったのか「水よりもお茶をかぶったほうが涼しいような気がする」という妙なことを口走る者もいた。

父親は権利書をみつけた者が良からぬことをせぬよう、四台の扇風機のあいだのパイプ椅子に座って穴掘りを監視していたが当然そこも暑く、ほぼ溶けていた。

屈強な男たちだけに、正午には工場の半分まで到達した。

母親と叔母がみんなに「そろそろ、外でお昼にしましょう」と声をかける。

外にでるとキャンプ用のテーブルの上に昼食のおにぎりの山があり、社員たちは飛びついた。たまにめちゃ硬い土がある、おれはシャベルひと刺しで一メートルは掘れる。そんなことを語りあいながら、おにぎりをたいらげていった。

「親父、やったな。このペースだと、なんとか今日中に掘れそうだ」

「そうだな。あいつら中々のもんだぞ。どんどん掘りかたが上手くなってる」

Dさんも父親も気づいてなかったが、目的が地面を掘ることに変わっていた。

そこに弟がやってきて「あのさ」とふたりに話しかける。

「なんか、ときどき動物の骨みたいなのがでてくるのはなんだろう？」

弟が少し神妙なようすなので父親が答えた。

「そりゃあれだろ、この工場は建つ前はアパートで……いや違うか、位置的にアパートの裏側か。確か木とか植物がやたら生えてたな。ほら、アパートで犬とか猫とか飼ってるひといただろ。その骨じゃあねえのか」

「でも建てる前、整地してたよ。地面触ってるのに、骨がでてくるのって変じゃない？あと骨じゃないのとか。邪魔だから、みんな工場の端に投げてるけど……」

手をだして「待て待て」とDさんは弟の話を止めた。

「骨じゃないのって、どういう意味だ？　それ骨だろ」

「いや、骨じゃないってば。まだ肉がついてるんだよ。どうみても最近の死体だ」

Dさんと父親は顔を見合わせ、確認のために工場のなかへ入った。

確かに骨のようなものが、掘られた土と一緒に端によせられていた。ぼろぼろになって千切れたビニール袋もある。どうやらそのビニール袋に骨が入れられていたようだ。

弟が「あった、これとか」とビニール袋のひとつを指でつまんで持ちあげる。そこには小さく丸まった子猫の死体がなかに入っていた。

「猫……だな。このビニール袋、なんか新しくないか」

「だろ。もう一匹どこかにあったけど、どこいった？　それも新しかったんだよ」

Dさんはどういうことか考えたが、よくわからない。

「親父。お祖父ちゃんって、ここ誰かに貸してた……というか、貸してるのか？」

「貸してねえよ。家の隣なんだから誰かが出入りしたら、すぐわかるだろ」

「だよな。扉、開けたら大きな音するし。だとしたら……」

他に入るところがあるのかもしれない、とDさんは壁沿いを歩いてみた。

だが他の入口や穴などは見当たらず、やはり鉄扉を通るしかないようだった。

「穴を掘るの、あと残り半分くらいだけどさ……何体でてくるんだろう？」

弟が不気味なことをつぶやき、Dさんはぞっとした。

昼食のあと穴掘りを再開すると、一時間もしないうちにツボがでてきた。

ちょうど真ん中あたりに祖父は埋めていたのだ。ツボのなかには権利書と祖父の隠していた通帳とハンコ、さらに現金そのものが入っていたので父親は狂喜乱舞した。その場で社員全員にボーナスとして、いくらかずつを配った。

結局、でてきた骨を並べると、ハムスターが数匹（小さすぎて数えることができなかった）、猫の骨三匹、犬の骨が一匹、最近埋められたものと思われる子猫が二匹あった。

それからひと月ほど経ったころ、祖母が退院して帰ってきた。

「権利書はあったのかい？」

尋ねられたのでＤさんが報告すると「良かったねえ」と祖母は笑った。

「いまも工場、半分穴だらけ。もう、とり壊そうかと思ってるみたいよ、親父」

祖母は「うん、うん。使ってないし、それがええよ」とうなずいた。

「工場があってアパートがあって——もっと前は墓地だったんだよ。そうそう、むかしね、死んだ動物を埋めにくる子どもがいたらしいよ。遠くから、わざわざ」

「……動物？　なんでここに？」

「さあ、わからないねえ。だから、ここは動物と人間のお墓が並んでいたんだって。そのときは戦争中で空襲が激しかったから、その子もこなくなったらしいけど」

埋まっていた骨や死体と関係がある気がしたが――もうDさんはそれ以上、祖母から話を聞かなかったそうだ。

身寄りがないのに

埼玉県川口市に住んでいる主婦、Jさんから聞いた話である。

家族みんなでテレビを観ながら夕食を食べていた。むかしのお菓子の特集が流れていたのだがCMに入ったタイミングで娘が「そういえばさ、あそこのお店のおじいちゃんって亡くなったよね？」と聞いてきた。

「店って？」とJさんが問い返すと「駄菓子屋さん」と娘が答える。

「ああ○○商店ね。おじいちゃん、かなり前に亡くなってるよ」

「だよね。なんかすっごい似てるひと、この前みたからさ」

Jさんは特になにも思わず「ふうん、親せきかな」とみそ汁をすすった。

就寝時、夫がJさんに「……さっき、いってたよね」と切りだしてくる。

「なんのこと？」

「あいつ。駄菓子屋のじいさんに似てるひとがいたって」

「いってたね。あのおじいちゃん、親せきいたのね。身寄りがないって聞いたことある気がするけど」

「あのさ、おれもみたことあるんだよ」

店の前に立ちつくす、亡くなった店主に本当にそっくりな老人をみたという。

「あれさ、思うんだけど……もしかしたら本人じゃないのか？」

「そんなワケないじゃん。なんで本人だと思うのよ」

「じいさん、家族いないから店でひとり、病死してたんだろ。それにオレがみたのって深夜の一時よ。ここいらって、なんにもないだろ。あの時間におかしいよ」

数年が経って、駄菓子屋は更地になった。

それでもまだ、深夜にときどき老人が立っていることがあるという。

覗いただけなのに

大阪府在住のBさんから、こんな体験を聞くことができた。

ある夜、友人たち四人と心霊スポットにいくことになった。そこは県境にある有名な廃トンネルで、さまざまなウワサがある。怪談社のほうにもずいぶん前から体験談が届いており、いくつかの話は以前から記録している。

むかしは駅だったところで、まだホームの跡が残っているIトンネルのことだ。

そこにBさんたちは友人のひとりの車、ハイエースでむかうことになった。到着したはいいが、トンネルは門扉で閉ざされていて、なかに入ることができない。せめて上から覗くことができないかと試みるが、門扉は幅も高さもあって届かない。

「そういえばオレの車、脚立《きゃたつ》あるで」

運転してくれた友人は工務店に勤めていて、仕事で使っている車だった。

せっかくきたんだし、トンネルに入るまでしなくても、せめて内部をみたい。

そう思ったのでみんなで一度、車までもどって脚立を運んできた。

Bさんが最初に覗いた。

門扉の近くにある街灯が内部を少しだけ照らしているが、ほとんど真っ暗でなにもみえない。それでも、水滴が落ちて響く音にエコーがかかり、かなり怖かった。

「うわあ……音がめっちゃこだましてる……すんげえ雰囲気あるなあ」

脚立をおりながらいうと、友人のひとりであるWさんが「次、オレな」と脚立をのぼっていき、門扉の上から顔を突っ込むようにトンネル内部を覗いた。

Wさんは「えッ」とひと言発し、躰をのけ反らして脚立から地面に落下した。

後頭部を打つ、ごつッという鈍い音。

すぐにBさんたちは「おい、なにしてんねん！」とWさんに駆けよった。

Wさんは気絶していたので救急車を呼ぶか迷ったが、彼はすぐに目を覚まし、

「逃げるで、早く逃げな！」

そういって立ちあがり、車にむかって走りだした。

他の友人たちは「え、まだみてないのに！」といいながらも脚立を持って彼のあとを

追いかける。全員車に乗り込むと、すぐにその場を離れた。Wさんだけが「怖ッ！怖ッ！」と興奮した状態だった。

そのうち落ち着いてきたので「お前、だいじょうぶか。頭打って、すげえ音してたで」とBさんが話しかけた。

「マジで？　痛っ……めちゃ大きいタンコブできてるやんけッ」

「なにあんなところから落ちてくれてるねん。マジでびっくりしたわ」

「違うねん、オレが覗いたら、なんかおってんッ」

「おったって、なにがおってん。真っ暗でなにも見えんかったやろ」

違うッ、とWさんはBさんに怯えた表情でいった。

「トンネル覗いたら、いっぱいおった！　むこうからズラッと並んで、オレの目の前に何人も！　顔がいっぱいあった！　門の上に並んでた！　マジで怖かった！」

新居なのに

広島県在住のTさんから聞かせて頂いた話である。
小学生だった彼は居間で好きなアニメの番組を観ていた。
幼稚園の妹は廊下で寝転がり、当時、流行《はや》っていた人形で遊んでいた。
Tさんの母親は台所で夕食の準備をしていた。
いつも通りの夕方である。
しかし突然、廊下から大きな泣き声が響いてきた。
驚いたTさんと母親が廊下にでると、妹が泣きながら母親に抱きついてきた。
「知らないひとがおるッ」
そういわれてふたりとも構えながら、妹が指をさす仏間の入口をみた。
戸は開いているが誰もおらず、怖々とTさんがなかを覗くが特に異常はない。

Tさんは「誰もおらんよ、気のせいじゃ」と妹の頭を撫でた。

しかし彼女は「おった、おった」と仏間の入口、敷居を指さして泣いていた。

それを聞いた母親は青ざめた。その敷居は、天井から雨漏りしているワケでも、雨が降っているワケでもないのに、床が濡れているということが何度もあった。


夜になり帰宅した父親に母親は、妹がなにかをみて泣きだしたことを話した。

「気になるなあ……あの敷居のとこ」と父親も首をひねる。

実はTさん一家がその家に引っ越してきて数カ月しか経っていない。

「おんなに首絞められる夢みるようになったのって、ここきてからじゃろ」

「もしかしてあの敷居、なんかあるんかしら」

「敷居になにがあるんじゃ？　その下の地面に死体でも埋められとるんか」

「まさか、そんなことあるわけ……ないわよね？」

「さすがにそれはないやろうが、前になにかあったのかもしれんのう」

「私、近所のひとたちに聞いてみるわ。なんか知っとるかもしれん」

そしてTさんの母親が近所のひとたちに聞いたところ――。
その家で本当に死体が発見されたことがある、という。
だが、床下に埋められていたのではない。
敷居の上にある柱で女性が首吊り自殺をしていた。
発見者によると、夏だったこともあり、遺体は酷い状態だったそうだ。
体液がしたたり、ぽたぽたと敷居に落ちていたらしい。
そのことを母親はTさんたちに聞かれないよう、こっそり父親に報告した。
経済的な理由もあって、すぐに引っ越すことはできない。
両親はふたりして「どうしたもんかのう」と頭を抱えてしまった。

それから何日も経った夜のこと。
「ひやあぁッ！」という悲鳴でTさんは目を覚ました。
飛びおきて声がしたほうへいくと、父親が廊下で腰を抜かしていた。
遅れて母親がやってきて「あんた、どうしたん！」と声をかける。
父親は敷居を指さしながら、ふぁふぁと変な声をだしていた。

「お父さん、だいじょうぶ？」

Tさんの声で、はッとした父親は母親にむかって叫んだ。

「ムリじゃ！　借金してもかまわんッ、ここ引っ越すぞ！」

そういって父親はがたがたと震えていたそうだ。

最近になってTさんはこの出来事の全貌を母親から聞いた。

それでも結局、父親がなにをみたのか、いま現在もわからないということだ。

幸せ家族だったのに

ある夜、K郎さんは兄からの電話を受けた。

「あ、もしもし。久しぶり。遅くにすまんな。元気してるか?」

兄とは仲が悪いわけでもないが、良いわけでもない。何年も逢っていないし、電話で近況報告などしたこともないので、K郎さんは変に思った。

「……なにかあったのか?」

そう尋ねたが電話では話しにくいようで、休みに一度もどってきてくれと頼まれた。

久しぶりの実家はリフォームされて、ずいぶんキレイになっていた。

子どもたちは成人して家をでていたので、兄は妻とふたりで暮らしている。

ちょうどその日は兄の妻も用事で留守にしていた。

なんの用か尋ねると「親父とお袋のことなんだ」とぽつぽつ話しだした。

K郎さんの母親は十三年前、父親は九年前にそれぞれ病で亡くなった。仲が良い夫婦だったので、兄はふたりの部屋をそのまま保存していた。

だが最近、自分も歳をとってきたことを感じた兄は、そろそろ両親の遺品を部屋ごと片付けようと思ったらしい。

「かまわないと思うけど……別にオレの意見を聞く必要ないだろ」

「そうじゃなくて……これが押し入れの奥からでてきたんだ。みてくれないか」

それは母親宛てに書かれた手紙だった。

前略　お母さまへ
ご無沙汰しております。
風のたよりでお元気にしていると聞いて、安心いたしました。
その後、お子さまの体調はいかがですか？
私はあの日より自分のしたことが正しかったのか、ずっと考え続けています。

おふたりの不幸に憐《あわ》れみを抱いて、一時の感情に捕らわれていたのは事実です。

やはり人として、なによりも私も母親でございますから、母性を持つ者として毎日悩んで生きております。

まず、くだんの因果の件でございます。

どう考えても理不尽でやりきれないお気持ちはお察しします。

しかしながら、いくら戦時中だったとはいえ、人としての理というものはあるはずでございまして、他国の方々とはいえど、あまりにむごい仕打ちの数々、想像するだけで身が震えるような思いです。

それらを子の代まで延ばしたくない気持ちはわかります。

残念なことに、こういった穢《けが》れというものは、一度でも触れてしまうと、とりかえしのつかないものです。

原罪は同じく子殺しにあると私は考えております。

人間が同じ人間に対してどこまで残酷になれるものなのか。

それらの罪はどのようにすれば許されるのか。

せめて常日頃から、こころに沁みつかせて生きる他、ないのではないでしょうか。

そうしたところで、微かにでも許されるわけではございませんが。

脅して、無理やりとはいえど手をかけさせてしまうとは、その憎悪は並大抵ではありませんん。残酷の極致ともいえるでしょう。似たような例を耳にしたことはありますが、
かかわった者たちはみんな一族ごと亡くなったそうです。

なにをしても許されない前例といえるのではないでしょうか。

これこそが、世が無常である証明なのかもしれません。

比べて、まじないも効果てきめんといえるでしょう。

ふたりの子どもで生き残れるのはひとりでございます。

四人の子どもで生き残れるのはふたりという方法です。

ひとりめは私も立ち会わせて頂きましたから、おそらくは問題ございません。

心配しておりますのは、ふたりめのお子さまです。

条件はひとりめのときよりも厳しくなっておりますので、ご覚悟を。

一、前回と違い髪と爪まで、きっちりとやり遂げること。
二、長男さまも必ずご一緒されること。

三、名前に「郎」という言葉を混じらせること。
四、前回と同じですが、頭は火を通すこと。
五、終わるまで笑顔で食すこと。

これまで記した条件をすべておこなっても――。

最終的に努力はすべて無に帰すのを、どうかお忘れなく。

ただ一時しのぎ、短い幸せでございます。

将来としては、おふたりのお子さま、またそのお子さまにご家族がいるならば、そのご家族も、それぞれ同時に命が燃え尽きます。

それでもあなたたちご夫婦が生存しているあいだは、大丈夫と信じております。

私もこの手紙をだしたのち、するべきことをするつもりです。

どうかご自分たちが選んだ道を、最後まで歩み続けてくださいませ。

それではこれからもどうかお元気で。さようなら。

追伸　皆を連れて焼却炉を選びますあなたたちにかかわるんじゃなかった畜生。

「……おれさ、記憶があるんだよ。親父とお袋になにかを……無理やり食べさせられる記憶が。お、お前さ、この手紙どう思う？」

そういって震えていたK郎さんの兄はガス漏れの事故で亡くなった。お盆で子どもたちが実家に帰っていたのが災いし、一家全員が運命を共にすることになった。

K郎さんはひとり暮らしで恋人や家族はいない。

それでも先手を打ちたいので、いちばん楽な死にかたを探しているという。

眠っていたのに

京都在住のY元さんは一度だけこんな体験をしたという。

当時、小学生だった彼は、弟と同じ部屋で眠っていた。

深夜何時ごろかわからないが、シャワシャワという音が聞こえてくる。なんの音だろうと目を開けると、ふすまから灯りが漏れていた。寝ぼけながらふすまにそっと近づいて覗き込むと、髪を結った女性が着物の帯をほどいている。衣擦《きぬず》れの音だったのだ。

（なんだ、布の音か……）

そう思って布団にもどろうとしたが、ちょっと待て、と足を止めた。

（いまのおんなのひと、誰だろう？）

気になってもう一度そっと近づき、ふすまのむこうを覗く。

すぐ目の前に女性の顔があり、むこうもこっちを覗いていた。

驚いたY元さんは慌てて布団に入り、寝たフリをする。そっと目を開けると――ふすまから女性が、真横に顔をだして嗤っていた。慌ててまた目を閉じる。

「ああ――この子はもうアカンわ、もうアカン子なんや」

明らかに女性はY元さんにいっている。

怖くなり頭から布団をかぶって、いつの間にか眠った。

翌日、起きてから気づいたが、Y元さんが覗いたふすまは押し入れだった。

怖い夢をみただけだった、良かったと安心した。

しかし、それで終わらなかった。

おらんのに

それから数日ほど経った深夜、弟が大声で泣きだした。

驚いたY元さんが飛び起きると、弟が部屋からでていくところだった。

両親の寝室に入ると弟は「オバケがおったあ」と泣いている。

弟がいうには——。

誰かが部屋に立っていて、押し入れに入っていくのを目撃したという。

「そんなワケないやろ、怖い夢見ただけやって」

母親はそういって弟を抱きしめた。

その横でY元さんは「着物のおんなのひと?」と弟に話しかける。

「なんや? なんでお前、そんなことわかるねん」

父親の問いに「だって、ぼくも見たもん。前に」と返した。自分でいいながらも思いだして怖くなったY元さんは「今日はここで寝てもいい？」と頼んだ。

「自分の部屋で弟と寝えや。お兄ちゃんやろ」

「だって、あのおんなのひと、おるもん」

父親は立ちあがり「おらんて。ほな一緒に見にいこう」とY元さんを連れて子ども部屋にむかった。

部屋の前に立ち「ほら、見てみい。誰もおらんやろ」となかを指さす。

「押し入れにおるかもしれん。ちょっと見てや」

「なんでやねん。押し入れなんか荷物いっぱいで、誰も入られへんやろ」

部屋に入ろうとしないY元さんをよそに、父親は入っていった。

押し入れのふすまに手をかけて「ほら！」と開ける。

その瞬間、ぱッと灯りが父親を照らした。

父親はすぐに押し入れを閉めて「……今日は一緒に寝よう」と寝室にY元さんを連れていった。

これがY元さんの実家に「開かずの間」ができた理由である。

子どもがいたのに

希望により詳細を伏せて記す。

四十年以上も前の話。関東のある村で小学生の男の子がいなくなり人騒ぎになった。

村人が必死に探すが発見できない。

その村は小さな山に囲まれているが、海も近く田畑も広大で水路も多い。

探す範囲が広すぎて村人だけでは手が足りないのだ。

町からきた消防団や手の空いた大人たち、みんなで男の子の捜索にあたった。

大人たちは男の子の友だちに、どこか心当たりがないか尋ねた。

「○○くん、最近よく洞窟いきたいっていってたけど……」

「洞窟？　洞窟なんてあるのか？　どこにあるんだ？」

「洞窟は畑の水のところだよ。いっぱいあるでしょ」

「いっぱい……水のところ……もしかして水路のことか！」

子どもたちがいう洞窟とは、山のふもとから盆地まで繋がっている干上がった水路のことだった。幅一メートルほどしかない穴で、なかはアリの巣のようにいくつもの分岐にわかれている。古いものや最近のもの、その数は十を超えていた。

とりあえず古いものから探そうということになった。

小柄な消防団員が這いつくばって入っていく。いつ崩れてもおかしくない水路なので、探すほうも命がけだ。

ひとつ目の水路に入って一時間が経ったころ、奥から声が聞こえてきた。

「子どもがいた、ダメだった！」

それを聞いた外の大人が、男の子の母親を呼びにいった。

水路に入った団員がでてくるより先に、母親はやってきた。

ダメだったということはもう生きていないということ——まわりの村人も母親も覚悟していた。

ところが泥だらけになった団員が引っ張ってきたのは、男の子ではなかった。

それは——服を着た白骨の遺体だった。

村人たちは度肝を抜かしながら「これは誰なんだ」と遺体を確認した。

防空頭巾をかぶってモンペをはいている少女のようだった。

おそらく戦時中の子どもだろう。

なぜこんなところに？

厚着をしていたことから「凍死したのかも」と村人のひとりがつぶやく。

母親は自分の息子ではなかったことに安堵したが、遺体の頭を撫でた。

「可哀そうに……ずっとひとりで寂しかったね」

撫でられて角度が変わったせいか、眼窩《がんか》から液体がこぼれた。

みんなのいる前で母親は遺体に手をあわせて頼んだ。

「お願い。どうか、ウチの子を――助けて」

そのとき「おい、あれみてッ」と村人のひとりが叫んだ。

並んだ水路のひとつが青白く光っていた。

「あそこを探そう！」

全員がその水路の前に移動して、団員がなかに入っていく。

男の子はその水路の奥でみつかった。

怪我はないが迷ってでることができず、途方にくれて眠っていたという。
少女の遺体にむかってみんな手をあわせて感謝した。

のちにわかったのは、少女は村はずれの家の子だった。
もう家族は亡くなっていたが、村人が費用をだしあい、葬儀をおこなった。男の子は水路で眠っているあいだ、頭巾をかぶったおんなの子と遊ぶ夢をみていたそうだ。

貼りたくないのに

T代さんが友人たちと一緒に真夏の旅行にいったときの話である。
巡る観光地のひとつにI大社があった。
初詣くらいしか鳥居をくぐらないT代さんは、夏の神社を新鮮に感じたそうだ。
そのあと温泉旅館に泊まり、夜はお酒を呑んで騒いだ。
(最近、ストレス溜まってたから。きて良かったなあ)
みんなで楽しい時間を過ごして帰った。

自宅に帰ると、少し憂うつになった。
旅先と比べると部屋のなかの空気が重く感じられる。
(明日からまた仕事かあ……だるいなあ)

食事をすませて風呂に入り、就寝の準備をする。
(あ、荷物だすの忘れてた。面倒くさいなあ)
バッグのなかの服などをだしていると、I大社の袋がでてきた。
袋のなかには記念になんとなく買った、厄除けの御札が入っていた。
よく考えてみれば、自分の部屋に御札など貼りたくない。
(なんで買ったんだろう……そうだ。明日、会社の誰かにあげよう)
そう思って御札をキッチンのテーブルの上に置き、そのままベッドで休んだ。

ぱちッという乾いた音で、T代さんは目が覚めた。
(いまの音はなんだろ……?)
薄目を開けると、台所の電気を消し忘れていたのに気づいた。
(……あ。光熱費がもったいない)
電気を消そうと立ちあがったとき——台所に誰かがいる。
上半身を曲げ、躰をくの字にした男性がテーブルの上にある御札をみている。
「だ、誰!」

声をだすと男性は躰を曲げたまま、ぐるッとまわり、T代さんのほうをむいた。

少しだけ顔をあげてT代さんの顔をみる。

目が真っ赤だった。

T代さんが小さな悲鳴をあげると、けむりのように消えてしまった。

慌ててテーブルの上の御札を手にとり、テープで壁に貼りつけたという。

思いだしてみると神社で「御札を買ったら?」といわれて購入している。このことを友人たちに話したら「誰もそんなことといってない」と不気味がられた。

それでも御札を貼ってから、部屋の空気が軽くなったそうだ。

店員なのに

Y馬さんが仕事で必要なものを買うため、ホームセンターへいった。

部品なのでジャンルわけされておらず、どこにあるのかわからない。

「ん、困ったな……どうしようか」

棚が並んだ通路の奥に店員がいたので、呼んで聞いてみることにした。

「あ、すみませーん、ちょっといいですかー?」

聞こえていないのか、店員はなんの反応も示さない。

声のデカさには自信があるのに、とイラつきながらも再び声をかけた。

「……あ、すみませーん!」

すると店員は一瞬だけY馬さんのほうをみたが、すぐにまた前にむきなおった。

死んだような目と、やる気のない表情の男だった。

イライラが頂点に達しそうになった。

男がちらっとY馬さんをみたとき、軽く悪意のようなものを感じたのだ。

「お前、聞こえてんだろ。わざと無視してんじゃねえよ」

我慢できなくなり、つかつかと店員のほうへ歩いていく。

「お前にいってるんだよッ」

店員はなんの反応もせず、だらりと腕を垂らして棚をみている。

「おいッ！」

店員の肩を掴んで、振り返らせようとしたとき。

「あのお客さま、どうかされましたか」

うしろから別の店員に声をかけられた。

Y馬さんは「あのさ！　この店員が……」と前をみるが誰もいない。

「……あれ？　どこいった？」

確かにいま肩を掴んだのに、とまわりをみるが、どこにもいなかった。

「どうされました？」

「いや、さっき、ここにいたやつに声かけて……あれ？」

「店員ですか？　どんなひとでした？」

Y馬さんが説明すると、店員はため息をついた。

「どうもすみません、失礼しました。あの、どんな商品をお探しで？」

部品のことを伝えると、店員は「ございますよ。こちらです」と案内してくれた。

「……さっきのひと、なんだったんですか？」

「お気になさらず。夜しかでないと思ってたんですが……昼間もでるんですね」

死んだような目の店員ではなく——もう死んだ店員だったようだ。

小人の救助なのに

学校から帰ったN貴さんが部屋で寝転がり、スマホを触っていると――。

がちゃっとドアが開いて、N貴さんの祖父が入ってきた。

「ん？　じいちゃん、どうした？　お腹空いたの？」

「T之よう。お前……糸、持ってるかあ」

T之とはN貴さんの父の名前である。

祖父は認知症を患っていて、自分の息子と孫をよく間違えていた。

「じいちゃん、N貴だよ。糸？　糸なんか持ってないよ。なにするの？　糸で」

「困ってるからなあ。助けようと思って。T之……糸、持ってるかあ」

「母さんが知ってるけど、オレどこにあるのか知らない。てか助けるって誰を？」

祖父は「うん、帽子かぶったひと」と答えた。

N貴さんの部屋をキョロキョロみながら、まだ糸を探しているようだ。

状況がわからないので「じいちゃん、その帽子かぶったひとはどこにいるの？ちょっとオレに教えて」と聞いた。

祖父は「うん、いいぞ。こっち」と部屋をでていく。

自分の部屋にN貴さんを案内して、背が低めのタンスを指さした。

「T之。ここにいるんだけど、困ってるみたいだから。糸、持ってないかあ？」

「N貴な。ここって、どこ？　これタンスじゃん」

「この裏にな、落ちちゃったみたいで……あがれないから助けようと思って」

そういってタンスと壁のスキマを指さし「ここ」とN貴さんをみる。

祖父は以前も「詰まるといけないから」といいだして網を持ち、庭の池の水を延々とかきまわしていた。そのときはN貴さんも面白くなって祖父と一緒に水遊びしていたが一時間ほど経つと「これでキレイになった」と家に入っていった。網はコケだらけだったので「詰まる」とは「汚れをとる」という意味だったのかもしれないとN貴さんはあとで思った。

そのときのように、祖父には祖父なりの理由があるかもしれない。

N貴さんは「糸ってどれくらいの長さ?」と尋ねた。

「なんか代わりになるものないか、探してくるから、ちょっと待ってね」

「うん。頼む、T之」

N貴さんは自分の部屋にもどって、紐のようなものはないかと探した。

(延長コードは太すぎる気がするし。あ、これ使ってないな、これでいいや)

スマホに差し込んで使う、コード付きのイヤホンである。

それを持って祖父の部屋にもどると、祖父は心配そうにタンスをみつめていた。

「じいちゃん、これいいんじゃない? 長さもあるし」

「おお、でかしたぞ、T之。ちょっと貸してくれ」

イヤホンを「どうぞ」と渡すと、祖父はからまったコードをほどいていく。

コードをまっすぐ伸ばして垂らすように持つと、タンスにむかって、

「おーい、いま助けるぞー。これに捕まれー」

そういってタンスと壁のスキマに、コードをゆっくりと入れていった。

ある程度、コードが入ると「これにつかまれー」と祖父はまた声をかけた。

真剣な眼差しの祖父をみてN貴さんは(……面白い)と思った。

まるで魚釣りの遊びをしているような気持になったのだ。

「おーい、はやくつかまれー」

コードをくいくいと上下に動かしたりして、本当に釣りのようだった。

「お、いいぞ、その調子だ、そのましっかりつかまれー」

次の瞬間、コードがぴんッとまっすぐに伸びた。

N貴さんが「え？」と声をだす。

コードはまっすぐに伸びたまま左にぐいっと傾き、続いて右に傾いた。

「おっ、おっ、いいぞ、そのまま手を離すなよ」

イヤホンをつまんでいる祖父の指に力が入っているのがわかる。

タンスと壁のスキマになにかがいて、コードを引っ張っているのだ。

「……あんたたち、なにやってるの？」

声をかけられて、ふたりともビクッと躰を震わせた。

いつの間にか部屋の入口に母親がいた。

うしろから彼らを物珍しそうにみていたのだ。N貴さんが、

「なにやってるって……救助？」

そう答えると、母親は呆れた顔で「へー」と台所へむかっていった。

目をもどすと、いつの間にか垂らしたコードの先端がタンスの上にある。

祖父は「あれ？　もうでられたみたいだな」と笑った。

「……じいちゃん。帽子のひとって、どれくらいの大きさなの？」

「うーん、小人だから、やっぱり小さいなあ」

祖父は「これくらい」と人差し指と親指で、数センチのスキマをつくった。

認知症のひとのなかには、不思議なものがみえているひとがいるかも――。

そう思わせるような怪談は数多くある、という話のひとつ。

迷惑なのに

Y佳さんが育った長屋での話である。

「ちょっと奥さん、シロアリ！　シロアリがいるわよッ！」

中年女性が叫ぶ声が、長屋中に響き渡った。

家のなかにいても壁が薄いせいで、その声はハッキリと聞こえてきた。

「シロアリよッ、シロアリッ！」

Y佳さんは寝ぼけながら、横で寝ている母親にいった。

「お母さん、またシロアリのおばちゃんがきてる……めっちゃうるさい」

「……放っとき。どうせ声だけやから」

続いて起きた父親が母親に尋ねた。

「いま……何時や？」

「……二時半やで。もうちょっと寝れるから寝とき……」

「仕事で五時起きやのに、たまらんのう……」

そういっているあいだも叫び声は続く。

「シロアリやで奥さんッ、なんとかせなッ、シロアリッ、シロアリッ、シロアリッ」

長屋の誰も、その声を止めようとしなかった。

なにをしてもムダだし、どこから聞こえてくるかもわからない。

もう声が収まるのを、ただ待つしかなかった。

「シロアリッ、シロアリッ、シロアリッ、シロアリッ！」

父親がぼそりと「大家がお祓い頼んでくれたらなあ……」とつぶやいて眠った。

昭和六十年、大阪府豊中市での話である。

聖人君子なのに

都内在住の事務職、Y香さんから聞いた話である。

長年、彼女は某電化製品の企業、そこの下請け会社で勤めている。世のなかが大変な状況でも、ほとんど左右されないくらい景気が良いらしい。

そんな彼女の勤める会社に、本社からK輔さんという営業マンがやってきた。

男らしい目つきでハッキリとした口調。仕事をこなすのはもちろんのこと、気が利いて愛想がよい彼は、すぐに女性社員たちの視線を釘付けにする存在になった。

やっかみの目でみていた男性たちも、でしゃばらず腰が低いK輔さんを好きになっていった。頻繁に呑みに誘われる彼の姿を、全員がよくみかけていたという。

「なにもいってないのに次のプレゼン資料とか用意してくれて。すごいわよね」

女性だけになると必ずといっていいほど、K輔さんの話題になった。

Y香さんは無口だったので、みんな彼女の前では率直な評価を述べた。

「余計なことといわず黙って話聞いてくれるのが、圧倒的に他の男と違うよね！」

「すごく知識が多くて、なに聞いても答えてくれるし、頭めちゃくちゃいいよね」

「言葉もちゃんと選んでるし洗練された感じ。気の利かせかたもスゴイのよ」

「給湯室に毎日違うお菓子があるでしょ？　K輔さんが持ってきてるらしいよ」

聖人君子への賛辞のような意見ばかりだったが彼女は――違っていた。

実はY香さんからみたK輔さんは「なんだか人間っぽくないひと」だった。

仕事ができる、知識を持っている、気配りができる、的確な意見をいう。

すべて好印象に結びつくのに、生理的に厭なものをY香さんは感じていた。なぜ気持ち悪く感じるのか、考えてみたが言葉にできない。いちばん近いのは「正論ばかりいうSNSのアカウント」だったが、なんだかそれも違う気がする。

（特に悪いことではないはずなのに……どうしてだろう？）

そんな理解できない自分の感覚が、なんとなくわかる出来事があった。

ある週末の夜、会社の飲み会があった。

平社員はそろっていたが、上司は気の許せるひとだけという気楽な席だった。

男性社員たちは酔っぱらって好きな話をしていたが、K輔さんはそこでも違っていた。

聞き役に徹し、自分から話題を振るときには無難な話しかしない。

大人しいY香さんにも、K輔さんは話しかけてきた。

「あそこのケーキ屋さんご存知ですか？　評判いいのでお勧めですよ」

いつも通り愛想がいいが、目が――笑っていない。

そういう風にみえるのは自分の偏見かもしれないと思いながら、

「ああ、評判良いですよね。食べましたか？」

「いいえ、ぼくはケーキとか食べませんが、食べたひとの話を聞くとね……」


飲み会が終わり、店の前でお礼合戦がはじまり、みんな解散していく。

K輔さんはそこでもみんなに囲まれていた。

「じゃあ、私も帰りますね」

そういって数人に挨拶をして、Y香さんは駅にむかった。

電車に乗って数駅が過ぎたあたりで、店にスマホを忘れているのに気づいた。

仕方がなく次の停車駅で降り、また反対のホームから電車に乗った。

店員が預かってくれていたスマホを受けとり、お礼をいってまた駅へともどる。

まだ終電まで時間に余裕があり、ゆっくり歩いてむかっていると——酔っ払いが嘔吐しているのだろう、路地から苦しそうなうめき声が聞こえてきた。

Y香さんはチラリと目をやり、そのまま駅にむかおうとしたが「……あれ？　いまのって、もしかして」と足を止めて路地にもどった。

うずくまって嘔吐している男性、そのうしろにK輔さんが立っている。

Y香さんが帰るとき、K輔さんは何人かに二次会へ誘われていた。「ちょっと明日早いんで、すみません」と断っていたはずだ。

なぜこんな場所にいるんだろう——Y香さんは不思議に思った。

すると嘔吐していた男性が立ちあがった。その姿は間違いなくK輔さんだ。

（……え？　うそ）

どちらもまったく同じ背広で同じ顔、K輔さんがふたり立っていた。

嘔吐していたK輔さんは口元を拭いながら、もうひとりをみている。

うしろに立っていたK輔さんは首を傾げて冷たい表情で、もうひとりをみている。

一見すると、鏡の前に立っているようにもみえた。

そのうち冷たい表情のK輔さんが口を開き、なにかをいった。

もうひとりのK輔さんはコクリとうなずき、アゴを上にあげて首を差しだす。

その首に両手を伸ばし、ぎゅうッと絞めはじめた。

(なに？　なにしてるの？)

どうみても――K輔さんが自分自身を絞め殺そうとしている。

そのまま壁に押し当てゆっくりと下にさがっていき、Y香さんの位置からは、首を絞められているK輔さんはみえなくなった。

「あれ？　Y香じゃん！　帰ったんじゃなかったの？」

振り返ると同僚が三人立っていた。

「え、あの、いや……」

「私たちー、知ってる店があるから、ねー。もう一杯飲みにいこうってなったのよお、ふふっ。でも閉まっていたから違う店いくところなのお。一緒にいこうよう」

三人ともずいぶん酔っぱらっているようだった。

Y香さんは「ごめん、また今度ね」と誘いを断り、その場を離れようとした。

路地に目をやると、K輔さんたちの姿はもうなかった。酔っぱらった同僚の声が大きかったので、K輔さんにみていたのがバレたのではないかと気が気でなかった。

翌日になっても、Y香さんは自分のみたものを処理できずにいた。

なぜふたりいたのか？　なぜ首を絞めていたのか？

まったくわからないまま週が明けて出勤したが、K輔さんはいつも通りだった。

「ふたりに増えていた」というより、なぜか「もともとふたりだった」という印象があり、それもよくわからない。自分でも気がつかないうちに、ずいぶん酔っぱらっていて幻のようなものをみたのだろう――そう思うしかなかった。

K輔さんが本社にもどる日、ひとりずつ席をまわって挨拶をしてくれた。

「Y香さん、これからも頑張ってくださいー――」

そういって握手をして微笑んでいたが、やはり目は冷たかったという。

山じゃないのに

怪談師の取材メモである。プライバシー保護、そしてわかりやすくするため手を入れたところもあるが、基本そのままである。実にわかりにくいが、よく考えると妙に思える箇所があるので読んで頂きたい。

以前、撮影の合間の休憩で××のゲスト↓地元にも心霊スポットある。いったことない怖いから↓いってみる。
ゲストいわくウワサでは立ち入り禁止↓×山という場所。
自殺が多くあって気持ちが悪い↓ゆうれいのウワサもあり↓ネットで調べたら住所がでてきた↓いってみる↓××市××××322
××レイク×××駅からタクシーに乗る↓×山に夕方到着、車だとけっこう近い↓雨が降ってたので誰もいない↓傘をさしつつあたりを歩く↓というか、どこが×山かわからん↓そういえばタクシーの運ちゃんも「あそこ、なーにもないですよ」といってた↓確かになにもない↓数軒の民家があるだけ。

てか、ホント×山ってどこだ↓山なんかないし。

スマホでもういっかい検索してよく調べる↓ここらの雑木林のことをそう呼ぶみたい↓なんじゃそりゃなんで山やねん。

めちゃ暗い↓と思ってたら林から白いスカートのお姉さん登場↓声かけた↓けっこう目の下のクマが酷い姉さん↓このへんで変なウワサってありますかと尋ねたが反応なし↓しばらくガン見されて無言で立ち去る↓まあまあ怖めのひとだった。

ウロウロしてたら広めの敷地の家↓そこの外飼いの犬が吠える。

尋常じゃない吠えかた↓離れても吠え続ける。

鳴き声を聞いたのか近くの家のひとがでてくる↓不審そうにこっちをみてたので話を聞くため、こちらから近づく。

なにか用と先に聞かれてしまう↓いや、ちょっと夜の写真を撮りにきているんですけど、とよくわからん言い訳↓この雑木林って不気味ですよね↓ここはむかしから手つかずだからね、ぜんぜん変わってないよ、ずっとこんな感じ。

そうなんですか、なんかゆうれいでそうですね↓笑って答えてくれた↓「でるでる。なんかウチの親せきのおばさんも、ここに気持ち悪いゆうれいがいるみたいなこといってた、けっこうマジだったよ」

でも具体的に、どんなゆうれいかの情報はいっていなかった↓入ったらダメですかねと聞く↓「そこは勝手に入ったら怒られるよ、お寺さんに」といわれる↓近くの寺の土地かもしれない。

さらに暗くなってきたので、どうしようかと思っていたらヤンキーな車登場。駐車場に停める↓ヤンキーが降りてきたので声かける↓見た目怖いが話した感じ優しそうなヤンキーだった。

ここで変なこととかないですか？　例えばゆうれいの話とか↓「ないですけど前に近くに住んでいた同級生が、肝試しにきて怖い目にあったらしいですよ」

その同級生、高校生のとき男の子三人でプチ肝試し大会を決行。

墓地をまわったあと、雑木林の周囲をうろうろ↓「ほら、お前入れよ」とかお互いいいあってた。

そのいっているひととは別の子↓「なんか呼んでるぞ」といいだす↓指さすところ↓雑木林のなか↓木の影から白い手↓おいでおいで、の動き。

そのまま逃げ帰ったらしい↓優しいヤンキーいわく↓「オレがみたわけじゃないけど、ウソつくようなやつじゃなかったし」とのこと↓他にも白いスカートのおんなのひとが歩いてくるとかウワサはあるけど目撃者はなし。

写真を何枚か撮って帰る↓暗いだけの場所やけど雰囲気は相当怖い↓今月の取材でいちばん怖い感じはする↓実際に怪異を体験したひととは逢えず残念↓以上。

雨なのに

車で移動販売をしていたT輝さんから聞いた話である。

ある夏、あちこちの県を移動する忙しい日々が続いていた。扱っていたのはベビーカステラで、大人にも子どもにも人気があり、繁盛していたという。

関西の海沿いの街にある公園にいったときのこと。

さあ今日も頑張るぞ、と気合を入れて作ったまでは良かった。

昼までは晴れていたのに、だんだんと雲行きが怪しくなってきた。

そしてついにパラパラと雨が降りだして、そのまま夕方になってしまった。

T輝さんは(ダメだな、たくさん作って失敗した)と思った。すぐに傷む食べものではないが、翌日は移動するのに時間を使ってしまうので売ることができない。

ふと、むかいにある神社に目がいった。

鳥居の下に子どもたちがいた。しゃがみ込み、じっとこっちをみている。買って欲しかったが、お金を持っているようにみえない。

T輝さんは「ちょっと、おいで」と子どもたちに手招きをした。

自分たちを呼んでいる、と驚いたようすをみせ、こっちに近寄ってきた。

「これさ、お客さんこなくて売れないから、みんなで食べな」

いちばん大きな袋に入れて、ひとりずつ順番に渡していった。

わあッと嬉しそうな表情をして、全員が袋を受けとった。

そのままお礼もいわず、みんな鳥居のほうに走っていく。

T輝さんは「おーい。ありがとうくらい、いえよー」と笑って叫んだ。

鳥居に到着した子から順番に、ぱッ、ぱッ、ぱッと消えていく。

あんなにいた子どもの姿が、ひとりもみえなくなった。

考えてみれば、こんなに雨が降っているのに、あんな屋根もない鳥居にいるのは変だし、誰も濡れていなかったように思える。

怖くなったT輝さんは、急いで片づけをはじめた。

(こんなことって、本当にあるんだ)と思いながら車を発進させた。

しばらく進んで高速道路に入り、落ちついてきた。
（まあ、悪いことをしたわけじゃないし、祟られたりは……しないだろう）
そう思いながら、ふと前をみると。
高速道路をまたぐ橋の上に、あの子どもたちがいてT輝さんに手を振っていた。
次の県では、いままでにないくらいの売り上げがあったそうだ。

母親なのに

Tさんという女性の体験談である。

両親は彼女が幼いときに離婚していたので父親はおらず、母親と祖母の三人家族だった。しかし、母親はTさんが小学校を卒業するまで、かなりの人数の男性と交際しており、ほとんど家を留守にしていた。たまに帰ってきても二時間もしないうちにまた外へでていく。呆れた祖母は注意をするのも辟易《へきえき》していた。

実質、祖母とふたり暮らしの状態が続いていたTさんが高校生になったころ。

夕食を食べたあと、皿を片付けようとした祖母が椅子から立ちあがろうとして、

「イタタ……」

顔を歪《ゆが》ませてテーブルに肘《ひじ》をつき、再び椅子に座った。

「お祖母ちゃん、だいじょうぶ？」

「今日はやたら両足が痛いよ。情けないねえ……あちこちが弱っちゃって」

Tさんは風呂場にいき、大きなバケツにお湯を入れて居間へもどってきた。

祖母の靴下を脱がして片足を浸けると、マッサージをはじめた。

「だいじょうぶ？　熱くない？　痛くない？　痛かったらいってね」

「ありがとうね。温かくて気持ちいいよ」

しばらくマッサージを続けていると「そういえば」と祖母はTさんに尋ねた。

「……あんた来月、誕生日だろ。なにか欲しいものはないの？」

「ないよ」

「私のまわりの孫がいるひとは、なんだったかな、ファッションみたいな服」

「ふふ、なにそれ。ファッションと服、どう違うの？」

「ファッションよ、いま流行ってるやつ。そんなの買ってあげてるみたいだよ」

「だいじょうぶだよ、私、そんなのに興味ないから」

タオルで足をていねいに拭くと、もう片方の足をバケツに浸けた。

「じゃあ、必要なものは？　なにかあるだろ、学校で使うものとか」

「ないよ。お祖母ちゃん、そんなの気にしなくていいよ。私、幸せだから」

お祖母ちゃんは「もうその歳で幸せなのかい？」と目を丸めた。

Tさんは見上げて祖母と同じような声で「幸せなんじゃよ」と変な顔をした。

ふたりで笑ったあと、祖母はTさんの頭を撫でながらつぶやいた。

「私のほうがずっと幸せだよ。ありがとうね」


その日、Tさんはバイトもなく、駅の近くで買い物をして帰った。

祖母が帰ってくる前に夕食をつくってあげようと思っていた。

鼻歌を歌いながら家に入ったが、玄関のハイヒールをみて気分が悪くなった。

数カ月ぶりに母親が帰っていたのだ。居間からの「おかえり」という声を無視して、買い物袋を持ったまま自分の部屋に入る。

着替えているとドアが開いて、母親が部屋に入ってきた。

「……勝手に開けないでよ」

そういいながら母親の顔をみると、なぜか左頬が大きく腫れていた。

「……なに？　なにか用？」

「バイトしてるんでしょ。悪いんだけど、ちょっとお金貸してくれない？」

Tさんは（どの口が……）とため息をついた。

「三万でいいから。ね。貸してよ、すぐに返すから。ね」

「ないよ、貸すほどのお金なんて」

「お願い、倍にして返すから。いまちょっと困ってるのよ」

「だから、ないってば。もういい加減にしてよ……なんなのよ、あんた」

Tさんは、とり乱しそうになるのを必死で抑えていた。

生活保護は受けているが母親の通帳に入るらしく、いままで一度たりともそんなお金を目にしたことはない。年金だけでは足らないので、祖母はとなり町の知人のところで働いている。足が痛いのはずっと立ち仕事をしているからだ。必要な学費や食費、光熱費は祖母とTさんのバイト代で懸命にまかなっている。いままでずっと、学校の行事でお金がかかるものは参加せずにやってきたこともあって、無心してくる母親には殺意に似た感情さえあった。

「ねえ、いいじゃない、バイトしてんだからさ、三万くらい。貸してよ」

「もう止めて。ないし、あっても貸さないから。お金なんか、なにに使うのよ」

「ちょっと彼氏がお金、必要なの。ほらみてよ、この顔。殴られたのよ、これ。お金のことでモメちゃって。イヤでしょ、お金でケンカとかさ。だからさ、貸してよ」

「あんたの彼氏のことなんて……私にどう関係あるっていうのよ」

こめかみの血管が、びくびく震えているのが自分でもわかった。

「なんとかしてあげたいって思うのが人情でしょ。私、捨てられたくないし」

「ふざけるな……知るかよ。どうでもいいわ」

「あっそ。じゃあ、いい。お祖母ちゃんに借りるから。働いてるとこ、どこ?」

Tさんは机の上に置かれたペン立てに、カッターナイフがあるのをみつけた。

(こいつは母親なんかじゃない。生きている価値のないひとだ。ひとの痛みがわからない生き物だ。このまま生かしておいたら、これからもきっと私の、一生懸命に頑張って暮らしている誰かの邪魔を続けるに違いない――殺してやろうか、いま)

「はやく教えなさいよ。あのババア、どこで働いてるのよ」

(殺すべきだ、いますぐに)

「そこで騒いで無理やり借りるから。それがイヤだったらお前が貸しなさいよ」

(人間の、クズ)

「ちょっと聞いてるの?　なんとかいいなさいよ」

そこで、ふッとTさんの意識が途絶えた。

気がつくとベッドの上で座っており、時計の針は午後九時を指していた。

Tさんは（あれ？　なにしてたんだっけ？）と立ちあがる。この時間だったらもう祖母が帰ってきているハズだ。確認したが居間にも台所にも、祖母の姿はなかった。

妙に思いながら部屋にもどって、さっきと同じようにまたベッドに座った。

しばらく考えていると、母親がきていたことを思いだした。

しかし、無心されてからの記憶がすっぽり抜けている。なぜか頭がぼうっとしてハッキリしない。少し前に悪い友人と一緒に、こっそり初めてお酒を呑んだことがあったが、そのときのように酔っぱらったような状態になっていた。

もう一度、部屋からでて居間にいこうとすると「Tちゃん」と名前を呼ばれた。

声が聞こえた玄関のほう、真っ暗な廊下に立っている影があった。

「お祖母ちゃん？　どうしたの、そんなところで」

「Tちゃん、ごめん。お母さんね、お母さんなのに、ごめん……ごめんね」

声がかすれているが、どうやら母親のようだった。

「いまから、いくね。ごめん……本当にごめんね」

Tさんの母親——影は、すっと消えた。

(私もしかして、寝ぼけているのかな)

また居間にもどり、見慣れないものが部屋の端にあるのに気がついた。黒くて艶のある——仏壇だ。なぜこんなものが居間にあるのかわからず、Tさんは不思議に思いながら近づいた。そして、そこにあるものをみて絶叫した。

「なに、これ……きゃあああッ!」

仏壇には、祖母と母親の写真があったのだ。

助けを呼ぼうと固定電話の受話器を持ったとき、壁にかかった鏡をみてTさんは再び叫んだ。映っている自分の顔が——化粧をした大人の顔になっていた。


連絡をした親せきがすぐに駆けつけてくれた。

親せきも彼女の話を聞いて動揺していたが、なんとか状況を理解して説明してくれた。

Tさんの母親も祖母も、病で一年ほど前に亡くなっていること——そして自分は二年前に高校を辞めて、ここでひとり暮らしをしていたこと。説明されても混乱が治まらず、

Tさんは過呼吸を起こして救急車で搬送された。


現在、Tさんは四十代になり結婚もしているが、記憶はまだもどっていない。

自分が母親を殺したショックから記憶を失ったと当初は思っていたが、調べてみると母親はきちんと入院して病院で亡くなっていた。そのあとすぐに祖母も倒れ、同じ病院で亡くなっていることがわかった。

玄関に立っていた母親はなんだったのか。彼女はなぜ記憶を失っているのか。いまでもその理由はわかっていない。

ただ親せきがいうには二年間、Tさんは普通に働いて普通にすごしていたが、そのあいだまったくといっていいほど、表情がなかったらしい。

(自分は別の世界からこの世界へ、移動してきたのではないか――)

そんなSF小説みたいな疑問が浮かんでしまうこともあるらしい。

バカなことを考える理由は親せきの言葉に原因がある。

「お祖母ちゃんと仲良かったって？　話しているのをみたことないよ」

「いつかカッターナイフがある、あの部屋の世界にもどるんですかね」

祖母には逢いたいが、あの時間にもどるくらいなら——そのままでも良いそうだ。

悪くないのに

ずいぶん前にM実さんが体験した話である。

お盆で田舎に帰省する前日、午後十時前だったそうだ。

インターホンが鳴ったので「はい、どちらさま」とリビングの応答画面をみた。

男性らしきひとが立っているが、なぜか暗くて顔がみえなかった。

「明日、水のお礼をお伝えください――どうか、よろしくお願いします」

意味がわからなかったM実さんは「はい？」と聞き返した。

「明日、水のお礼をお伝えください――どうか、よろしくお願いします」

同じことをいった瞬間、画面がふっと消えた。

そして目が覚めた。

M美さんはテレビを観ながら寝転がり、いつの間にか眠ってしまっていたのだ。

（変な夢みたな……なんだったんだろ）

実家に到着すると、久しぶりの親せきたちが大勢集まっていた。

夜になると、たくさんの料理をみんなで囲み、おしゃべりを楽しんだ。

伯母がお酒を呑んでいる従兄に「お水も飲みなさい」といった。

M実さんはその言葉で、昨日の夢を思いだした。

「昨日、変な夢みてさ。十時前かな、インターホンが鳴って……」

その場にいるみんなに、夢の内容を話して聞かせると。

「どうしたの、お祖父ちゃん！」と孫のひとりが祖父に声をかけた。

祖父は人差し指の関節を噛んで、ぼろぼろと泣いていた。

「そのひとは——わしに伝えてくれ、いうとったんじゃ」

祖父は戦時中、広島に住んでいたという。

原爆が投下されたとき、祖父は中学生だった。

手が足りないという理由で、動ける者は臨時の野戦病院に集められた。祖父は無事だったが他のひとたちの状態は酷く、病院内は想像を絶する光景になった。

医者や憲兵に「水を欲しがっても絶対にやるな、死ぬぞ」といわれた。

それでも何人ものひとが「水をくれ」と頼んでくるので祖父は困った。痛み、そして熱による渇きに耐えられず、躰に刺さったガラス片で首を切り自殺するひとまでいた。

もうひとり手伝っていた学生が、騒いでいるおじさんに水をあげた。

「おじさん、早く飲んでください」

ひと口だけコクリと水を飲んだあと、本当にそのまま死んでしまった。

あんなに騒いでたのに、簡単に死んだので学生は呆然としていたそうだ。

夜になると、ほぼ全員が合唱のように水を求めてきた。

あの学生も祖父も、そして注意を促した憲兵すらも、こっそり水を飲ませてまわった。放っておいても死ぬ。どうせ死ぬなら早く死なせてあげたいと思ったのだ。

たいてい、ほんの少しの水でそのまま黙って亡くなっていくのだが、ひとりだけ若い女性が「ありがとうございます」とお礼をいって死んだ。

それにショックを受けた祖父に、横で寝転がっていた男性が弱々しい声で「気にしなさんな」といった。男性は真っ黒に焦げた顔だったが、目だけはハッキリと開いていた。

まだ手元に水があったので「飲みますか」と祖父は聞いた。

男性がうなずいたので、そのまま口元に水を注いだ。

それから何十年も経ったが祖父は悩んでいた。

自分はたくさんのひとたちを殺してしまったのか、それとも楽にしてあげたのか。

水を飲んだら死ぬと、わかっているひとたちばかりではなかったハズだ。そのひとたちは自分を恨んでいるかもしれない――。

そんな話を昨日の午後十時前に、広島の友人と電話で話していたそうだ。

静まりかえった席で泣きながら話す祖父を、M実さんたちは静かに抱きしめた。

生きたかったのに

Sさんという三十代の女性の体験である。場所と詳細を少し変えて記す。

タクシー乗り場でホームレスの女性が、男性に殺害される事件があった。

コロナ禍に入って、本格的な困窮に陥ったその女性はネットカフェに泊まることもできなくなっていた。深夜になって誰もいなくなったのを見計らい、タクシー乗り場に現れて夜を過ごしていたようだ。そのタクシー乗り場にはベンチが備えつけられていた。椅子は腰をかけるには浅く、酔っ払いが寝転がれないようにするためか、無慈悲な手すりがつけられていた。深く座ることも寝転がることもできないそのタクシー乗り場で彼女は、躰を小さくしてただ朝を待っていたそうだ。

そして「目障りだった」という理由で、タクシー乗り場の近所に住む男性に頭を殴られて亡くなった。空気が冷たくなってしまった十一月のことだった。

このタクシー乗り場から近い距離に住むSさんは、ニュースをみて衝撃を受けた。まったく関係のない他人だが、世のなかの残酷さと理不尽さを一身に受けたようなその女性が不憫《ふびん》でならなかった。

自分の住んでいる場所からほど近い街で、こんな事件がおきるなんて——。

コロナ禍で社会の状況が変わり職を失った友人もいる。Sさん自身が勤めている会社も経営が傾いていると聞いていた。いま職を失うと貯えのない自分は、きっとマンションを追いだされてしまうだろう。そう考えると、あの事件は誰の身におこってもおかしくない不幸だと感じ、気がつくとネットで詳細を調べていたという。

初めてニュースをみてから数日が経った夜のこと。

Sさんは仕事帰りに、事件のあったタクシー乗り場へむかった。タクシー乗り場は大きめの道路沿いだったが、帰宅ラッシュも過ぎていたので車の通行量はそこまでなかった。彼女のように強く同情したひとたちがいたのだろう、たくさん花束が置かれている。

それをみたSさんは胸が苦しくなり、目をつぶって手をあわせた。

数十秒が経過したとき、小さな声が聞こえてきた。振り返ると、いつの間にうしろに立ったのか、若いおんなの子がいた。彼女は両手で何度も目元を拭いながら嗚咽《おえつ》している。尋常じゃない泣きかたに、Sさんは少し驚きながらも声をかけた。

「……だいじょうぶですか？」

おんなの子は涙を流しながら「あ、す、すみません、ごめんなさい」と謝った。

タクシーを待つひとが駅から何人かやってきて、ふたりをみていた。恥ずかしくなったのもあるが、若い子が好奇の目にさらされるのは良くないように思えて、Sさんはおんなの子と一緒に移動した。

公園に入ると、おんなの子が落ちつくのをSさんは待った。

とはいっても、特に話すことはない。ただ、あのようすから察して、もしかしてこの子は亡くなった女性の知りあいなのかもしれないとSさんは思った。

「あの、なんか、すみません。これ頂きます」

Sさんが自販機で買ってあげた温かいココアを、おんなの子は飲みはじめた。

「悲しい事件だったもんね。私、ニュースをみて、あそこにいったの」

「ニュースを？」

「うん。あなた、もしかして亡くなった女性の親せきとか？」

おんなの子はココアをすすりながら「いいえ、違います」と答えた。

「……そう。じゃあ私と同じ、ニュースをみて？」

「いいえ、違うんです。あの……亡くなったって、誰が亡くなったんですか？」

妙な返しにSさんは思わず「へ？」と声をだした。

「あのタクシー乗り場であった事件、知ってる？」

「そういえばお花、たくさんありましたね。なにかあったんですか？」

「え？　どういうことだろ？　じゃあ、どうしてあそこで泣いてたのかな？」

「わたし、ときどきあんな感じになっちゃうんです。いつも突然なんです」

「突然？　突然、泣いてしまうってこと？」

軽く混乱したSさんは彼女の話を聞いた。

そのおんなの子——Tさんは、たまたまあのタクシー乗り場を通りかかっただけのようだった。いきなり無性に悲しくなり、泣いてしまったというのだ。

Tさんは二十一歳の大学生で「号泣する症状」は今年になってから起こるようになったらしい。道を歩いていると、いきなり足が止まることが合図だという。

「電気が走る感覚があって。寂しさがきて、絶望？　みたいな気持ちになるんです。そのあと我慢できなくなってきて、息がすごく乱れて感情が抑えきれなくなって」

コップに注いだ水が溢《あふ》れ、こぼれるように、涙が流れてくるというのだ。

「病院にも通っているんですけど、ぜんぜん変わらなくて困っているんです」

「いままで何回くらい、あんな感じになったの？」

「八回くらいです……正確には、八カ所です。さっきのところもあわせて」

「八カ所？　場所なの？」

「家や学校では症状がでなくて。その場所の共通点もわからないんです」

Tさんは症状がでた場所を挙げたが道や公園、特に変わったところではない。

「あ。でも、ひとつだけ変わっている場所、ありました。心霊スポットです」

「心霊スポット？　肝試しするところ？　そこで症状がでたの？」

「ホントに殺人があった家にいって、そこでも症状がでました。みんなビックリして怖がってました。絶対とり憑かれてた、顔が変わってたとかいわれて……」

殺人という言葉を聞いて、Sさんはタクシー乗り場を思いだした。

「もしかして、それって病気というより……霊感みたいなものってこと？」

「え？　わたし霊感あるんですか？　それってすごくないですか」

Tさんにとって面白い意見だったらしく、嬉しそうに笑った。

その笑顔をみたSさんは純粋ないい子だなと感じながら「わからないけど、さっきのタクシー乗り場も殺人事件があったところだから」といった。

「もしかして殺されたのって——男のひとですか？」

Tさんは見当違いなことを口にした。

「被害者はおんなのひとだよ」

「……そうですか。じゃあ霊感ではなさそう。浮かんだような気がしたんだけど」

「浮かんだ？　なにが？」

「さっきのタクシー乗り場で、男のひとの顔が頭に浮かんだような気がしたんです」

「それはいままで通り？　それとも初めてのこと？」

「いままでも、です。電気が走るとき、一瞬だけ顔が浮かぶんです」

毎回、違うひとの顔がイメージとして浮かぶらしい。

「それって、なんだろ？」

「わからないんです。そういう症状がでた場所には二度と近づいていませんし」

「それならいまから確かめてみない？」

Sさんの提案の意味がわからず「確かめる?」とTさんは首をかしげた。

「もう一度、さっきと同じ場所で症状がでるかどうか。ひとりのときはいきなり泣いてしまうから困ったり怖かったりするかもだけど、いまは私がついていくし」

「ああ……なるほど」

Tさんは興味を持ち、少し考えているようすだった。

自分でいいだしたことだが、Sさんも本当に霊感だと思っていたワケではない。Tさんがいい子だったこともあり、症状の改善の手助けとなればと考えたのだ。

「……再現性があるか確かめたことありませんし。いろいろわかりますものね」

「また泣きだしたら、私がちゃんとその場を離れさせるから。安心して」

ふたりはもう一度、出会った場所にもどることにした。

タクシー乗り場がみえる位置でSさんは、Tさんの表情をうかがう。

「だいじょうぶ?　無理してない?」

「はい、ぜんぜんだいじょうぶです。怖いとかはないです」

むしろ、実験を楽しみにしている子どものような雰囲気すらあった。

Sさんは自分が信用されているように感じて「じゃあ、いこう」と彼女の手を握った。

ゆっくり進み、あと数メートルというところでTさんの歩調が遅くなった。

やっぱり怖くなったのかとTさんの顔に目をむけて、Sさんはぎょっとした。

いままであった笑みが消えて、影がかかったような無表情へと変化していた。Sさんが再び声をかけるも反応はなく、より強く手を握りタクシー乗り場へ歩く。タクシー乗り場の前にきたとき、すんッと光が消えた黒目が、大きな真円になった。

その目は感情の読みとれない爬虫類——まるで蛇のような目だった。

「Sちゃん、だいじょうぶ？　わかる？」

声をかけるSさんのほうに顔を動かしたTさんは、蛇の目のまま笑った。

そして「生きたかったのに……おれが……ごめん」としゃがれ声でつぶやいた。

やはり泣きだしたTさんを無理やり歩かせ、Sさんは公園にもどった。

しばらくすると先ほどと同じように落ちつき、Tさんは自分のようすがどうだったかと尋ねてきた。Sさんは言葉を選びながらも、引きつった顔で正直に答えた。

「……多分、霊感だと思う。目が別人というか、別の生き物みたいになってた」

さすがに蛇のようになっていた、とはいえなかった。

心霊スポットにいったときTさんの友だちが、顔がどうこうと妙なことをいっていたらしいが、その意味がわかった。おそらく友だちも同じものをみたのだ。

LINEの交換をしてSさんはTさんと別れた。

もしあの症状がまたでることがあったら、その場所にはもう近づかないほうがいいとTさんにアドバイスをした。

Sさんがもっとも気になったのは、Tさんの発言だった。もしTさんが亡くなった女性の霊にとり憑かれていたとするならば——あんなことをいうだろうか？

そもそもあのとき口にした「おれ」とはどう考えても男性の一人称である。亡くなったのは女性だし、犯人はすでに捕まっている。それとも以前、あのタクシー乗り場で、他になにか別の出来事があったのだろうか——。

就職先が東北に決まったTさんは、現在は新しい街で暮らしている。退屈に思うこともあるが、その街では例の症状はまったくでていない、という話である。

死にたくないのに

夏、短めの懲役からもどってきたIさんはいくところがなかった。

刑務所でもらった賃金はわずかなので、少しでも贅沢をすればすぐに消えてしまう。とりあえず刑務官に話した通り、実家にむかうことにした。どうせすぐに追いだされるだろうが、それはそれで仕方がないと思った。

実家に到着して玄関から入るなり、ホウキを持った母親と顔をあわせた。泣かれるか小言をいわれるか、やはりすぐに追いだされるかとIさんが構えていると「ご飯の用意できてるで」と意外にも受け入れられ、拍子抜けした。出所の連絡があり、くるだろうと思っていたらしい。Iさんの好物であるトンカツを準備しており、母親はそれを揚げだした。刑務所でも何度かトンカツを食べたが、肉が薄く油のニオイが酷かった。そのせいか、母親の作ったトンカツは、ひと口かじるともう止まらなくなった。

「せこい金、横領して人生の時間ムダにして。あんたホンマしっかりしいや」

ほら、はじまった、とIさんは思ったが食べるのを止められない。

「昨日ちょうどな、アベくんの親、ウチの店に来てん。あんた覚えてるか」

「……誰がきたって?」

「アベくんのお父さん。お父さんとは初対面やったけど。覚えてるか、アベくん」

Iさんの頭のどこかで『引っ越しするねん』という男の子の声が聞こえた。

「ほら。あんた、めっちゃ仲良かったやん。アベくんや」

トンカツを口に運ぶ箸の動きが止まった。


Iさんが九歳のときの話である。

大阪にある川沿いのさびれた町にIさん一家は引っ越した。不景気のあおりを受けた父親の仕事のせいでの引っ越しだったが、カラ元気か、父親は明るくふるまっていた。

軽トラを停めた父親は「ほら到着や。見てみいな、I。これが新しい家やぞ」とほったて小屋を指さした。母親は「……ボロっ」とつぶやいた。

「なあ、ここで暮らして前の学校にいつかもどれる?」

尋ねたIさんに対し父親は「もう家も売ってもうたからな。運命や思てオマエも諦めろ」と笑った。母親は「新しい友だちできるから、だいじょうぶやて」と微笑む。

当時、気弱だったIさんは不安しかなく、笑えるような心境ではなかった。

Iさんは「サイアクや……」と手に持ったキン消しを握り締めた。

治安が悪いことと関係があったのか、新しい学校はIさんにとって本当に最悪だった。クラスメイト全員の声は過剰に大きく感じ、普通に走って遊んでいる姿も乱暴に思える。ときどきクラスメイトに「名前なんやっけ？」と声をかけられた。小さく名前を答えたら「……ふうん、そうなんや」と数秒だけ品定めをされた。

ほとんど誰とも会話をしない日が二日ほど続いた放課後のこと。

校門をでたとき、うしろでIさんの名前を呼ぶ声が聞こえた。みれば、ずいぶん離れた校庭の端から、手を振りながら全速力で走ってくる男の子がいる。息を切らせてIさんの前までくると「いっしょに、帰ろうや」と真っ赤な顔でいった。

彼の顔はわかるが名前を思いだせず「えっと……」と困っていると、

「おれアベっていうねん。いつもそっちから帰ってるやろ？　家どこなん？」

Iさんはまだ住所を覚えてなかったので「あっち、工場のほう」と返した。

「昨日帰ってるところ見てん。もしかして近いんちゃうかなって。東町やろ？」

「多分そう……あ、お風呂屋さんとコインランドリーも家の近くにあった」

「あそこのコインランドリーな、ときどきお金入れても動けへんねんで」

「そうなんや。知らんかった。あと、お饅頭屋さんもあった」

「そのお饅頭屋の近く、おれ住んでる家やねん。な？　結構近いやろ？」

「そうなんや。それも知らんかった」

「なあ、テンコーセイっておれ初めて見たわ。どこから来たん？」

「千里のほう。エキスポランドとか、まあまあ近かってんけど、知ってる？」

「知ってる！　太陽の塔やろ。いいなあ。おれまだ見たことないわ」

アベくんとふたりで、どうでもいい情報の交換をしながら歩いた。

「帰ってまた合流せえへん？　おれ、帰って五十円とってくる。めっちゃ美味しい駄菓子屋教えたるわ。そこな、チュー―チューあるねん、凍ったやつ。半分あげるし」

先ほどまで落ち込んでいたIさんの暗い気持ちは、どこかへ消えていた。

それからはどこへいくときもアベくんと一緒だった。彼の話した通り、家が近くということもあったが、妙に気が合ったのも大きかった。Iさんがひとりでいると声をかけてくれたし、他の友だちと遊んでいる場にもアベくんはIさんを呼び入れてくれた。

何度もIさんの家にアベくんを呼び、アベくんの家にもよく遊びにいった。彼もIさんの家庭と同じように貧しいようだったが、学校に通う生徒たちほとんどが似たような境遇の子どもだったので、特に気にはならなかった。

ある日の帰宅中、アベくんが「ひみつ教えたろうか?」といいだした。

「ひみつ? なんやろ。教えて」

「おれのお父さんな、ホンマのお父さんやないねん」

そのとき既にアベくんの父親とは面識があったので「そうなん?」と返した。

「再婚してん、お母さん。ホンマのお父さん、おれが赤ちゃんのとき、死んでん」

Iさんは驚いたが、大きな反応をするのは失礼だと子どもながらに思った。

「アベくんのお父さん、なんで死んだん?」

「知らん。教えてくれへんねん。聞いたらお母さん、あんた顔覚えてへんやろ? とか言うし。たまにお父さんの夢見るねん。だから、おれお父さんの顔知ってるねん」

「夢でお父さんとしゃべったりするん?」

「うん。いろいろしゃべる。にこにこしてるで」

「それもしかして、ゆうれいなんかな」

「同じこと聞いた。ゆうれいなん？　死んだらみんなゆうれいなるの？　って」

「そしたらなんて言うてた？」

「みんなじゃないって言うてた。あっちに行くひとたちと、ゆうれいになるひとたちがおるって。お義父《とう》さん優しいけど、本物のお父さんもめっちゃ優しいねんで」

「そうなんや。本物のお父さんってどんな顔してるん？」

「まあまあ、男前やで。おれ、多分お父さん似やねん」

そう話しながら、アベくんは歯をみせて嬉しそうに笑った。


真夏のきびしい日差しのなか、Ｉさんはアスファルトを歩いていた。

ここいらは砂利道ばかりだったのにと、額の汗を手で拭いながら、母親がアベくんの父親から聞いた、住所が書かれたメモを片手にあたりを探す。開発は小学生のころから少しずつおこなわれていたが、阪神淡路大震災で加速し、むかしの建物は面影すらない。

改めて周囲をみるとずいぶん変わっていた。あのころあったコインランドリーも銭湯も駄菓子屋も、いったいどこへ消えてしまったのか。

住んでいたボロ家もアベくんの家も、ずいぶん前に立ち退きになった。ほったて小屋のような家が並んでいた周辺は、小洒落たマンションになっている。

Iさんの父親は、彼が高校を卒業する前に交通事故で亡くなった。そのあとすぐに母親がパートを辞めて、駅前でスナックの経営をはじめた。その店があるため、この付近のほうが都合いいと母親は遠くには引っ越さなかった。常連客は年寄りばかりだが実際スナック経営はそこそこ上手くいっており、現在も続いている。

逆に、アベくんの母親がこの町から、なぜ移動しなかったのかはわからない。

書かれた住所に到着すると、そこは二階建てのハイツだった。確かここはむかし空き地だったはずだな、と思いながら部屋のインターホンを押すと、すぐに玄関が開き、白い髪の老婆が顔をだした。アベくんの母親だ。

「もしかして……Iくんか?」

「ご無沙汰しています。ちょうど帰っていたもので。お元気ですか?」

「ようここの住所知ってたなあ。来てくれてありがとうなあ。入って、入って」

部屋は意外に広く、リビングに通された。

しばらくするとアベくんの母親が、お盆にのせた珈琲を持ってきた。

「ホンマ久しぶりやね。もうちょっとしたら、ウチのひとも帰ってくるわ」

「おじさんもお元気ですか？　なにかお仕事なさっているので？」

「腰痛めてあんまり歩かれへんけど元気。いま近くの公民館でお手伝いなんよ」

珈琲をそっとテーブルの上に置きながらアベくんの母親は続けた。

「あんた。刑務所、行ってたんやて？」

なんと答えたらいいかわからず、Iさんは頭をかきながら苦笑いを浮かべた。

「あんた優しいから悪さはむいてないで。お母ちゃん悲しませたらアカンよ」

「まさか懲役喰らうとは思っていませんでした。もう絶対にしません」

「でも、ホンマに懐かしいな。そういえば、そろそろまた花火大会やるねんで」

Iさんの胸がどきりと鳴った。

「あの年、あの子と一緒に観に行ってくれたもんな」

セミがうるさく鳴く公園で、ふたりは食べ終わったアイスの棒をかじっていた。

「夏休みやのにウチ、どこも連れてってくれへん。アベくん、どっか行くん？」

「行けへんよ。お金ない言うてた。今日もめっちゃ暑いなあ。暑すぎて頭痛いわ」

アベくんは歯形がついたアイスの棒を投げると「あ」となにか思いだした。

「そういえば今日やろ。Iくんは花火、お父さんとお母さんと観に行くん？」

「お母さん、パートで帰ってくるの遅いからなあ。無理かも。アベくんは？」

「ウチもお母さん仕事で遅くなるねん。なあ、オレらだけで行こうや」

「めちゃひとおるねんで。危ないって。絶対、迷子になるって」

子どもだけで祭りにいったことがなかったIさんは、その発想がなかった。

アベくんは「任せとき！」となにか良い案があるようだった。

自転車でふたり乗りしながら、アベくんがおおまかに道を選び進んでいく。

坂がいくつもあったので途中ひとりは自転車を降りて走ったり、またふたり乗りしたり、運転を交代しながら進んでいった。当然ながらふたりとも、汗だくになってしまった。ガスタンクがある河原までくると「ついた！」とアベくんが叫んだ。自転車を停めてふたりで堤防の上に移動し、息を切らせながら腰をおろした。

「はあはあ、疲れたあ。ここ、裏技やねん。ここやったら花火、見えるで、多分」

「はあはあ、多分て……いま、何時なん？　花火って、何時、からやっけ？」

「わ、わからん、はあはあ。三時半くらいやろ。花火は、七時、からやと思う」

「アベくん、ここめっちゃ暑いけど、それまでここで、はあはあ、待つん？」場所をとられたらアカンから早めがいいねん、というのが彼の主張だった。

七時になるまでの数時間、ふたりはずっと無駄話をしていた。

Iさんは引っ越してきて一年が経ち、学校が面白くなってきたことを話した。

アベくんは大人になったら、ゲームをたくさんしたいということを話した。

Iさんは最近、母親が家でお酒を呑むようになったことを話した。

アベくんは死んだ本物のお父さんが、最近よく夢にでてくることを話した。

Iさんは少し気になっている、好きな女子がいることを話した。

アベくんは実は隣のクラスの子に、ラブレターを渡したことがあることを話した。

少し雲が日差しを隠してくれたり、ちょっとだけ涼しい風が吹いたり。

ゆっくりと、そして瞬く間に時間が流れ、あたりが暗くなったころ。

急に夜空がぱっと明るくなった。

Iさんは思わず「わあ」と声を漏らす。ガスタンクのむこうからだが、まっすぐに上昇し、弾けた花火の光がふたりの顔を照らしていた。

興奮して「すごい、ホンマに裏技の場所や！」と隣のアベくんにむかって叫んだ。

形を成した火は柳の枝が垂れるように落ち、遅れて太鼓のような音が鳴り響く。太鼓のあとで上がる花火もあれば、太鼓と同時に上がる花火もあった。

見惚れている横でアベくんが「おれ、引っ越しするねん」とつぶやいた。

驚いて彼の顔をみたが、ぼうっとした表情でアベくんは花火を眺めたまま続けた。親の都合で遠くの町に引っ越すことが決まったという。名残惜《なごり》しむように反響する太鼓の音は、もうすぐ夏が終わることを告げているようにも聞こえた。

帰宅したアベくんの父親——実際には義父だが、ずいぶん老けてしまっていた。

Iさんの訪問を喜び、一緒に酒を呑もうと一升瓶をもってきた。あのころの話をしたり、政治や野球の話をしたり、気がつけば寝転がってイビキをかきだした。

「おじさん、めちゃ元気でしたね」

「ええ歳してアホみたいに呑んで……でも、こんな呑んだの、久しぶりやわ」

あんたに逢えたのが嬉しかったんやろ、とアベくんの母親は笑った。

その笑い声が大きかったのか、義父は上半身をおこして「イタタ……あかん、ここ腰痛いわ」と立ちあがり、ふすまを開けて千鳥足で奥の部屋に入っていった。

開いたままのふすまから、仏壇に飾られた笑っているアベくんの遺影がみえる。

「帰る前に線香、あげていくか？　あの子も喜ぶわ」

花火大会の夜以降、いつもいるはずの公園にいってもアベくんに逢えなかった。家にいっても誰もおらず、新学期がはじまってても彼の姿をみることはなかった。Iさんは落ち込んだ。もしかしたら、もう引っ越してしまったのかもしれない。なぜ自分に挨拶もなくいってしまったのか、その理由がわからなかった。他のクラスメイトはなにも知らず、担任に尋ねてもなにも教えてくれなかった。

夕方、家に帰るか寄り道をしようか考えながら歩いていると、見知らぬ男性が道の真ん中に立っていた。通せんぼをしているようにもみえてIさんは少し腹が立ったが、ひとさらいだったらと不安になり、きた道をもどって家に帰ることにした。

Iさんの母親が玄関の前に立っていた。

いつになく真剣な顔で「あんた、ちょっとこっち来なさい」とIさんの腕をつかんで歩きだし、家から数メートル離れたところで立ち止まる。Iさんはなにか悪さがバレたのかと思いながら「なに？　なんなん？」とおどおどしていた。

母親はしゃがみ込んでIさんの目をみつめた。なぜか目は赤く腫れていた。

「いまな、家にアベくんのお母さんがおるねん。めっちゃ大事な話があるから、しっかり正座して聞きなさい。それからどうするか、自分で考え。わかった?」

もどって家に入ると、確かにアベくんの母親がいた。ハンカチを持ち、真っ赤になった目と頬で挨拶をする。Iさんは母親にいわれた通り、彼女の前に正座した。

そこでアベくんが脳の病気だったこと、いまは入院していること、手術ができないこと、もう危ない状態でいつどうなるかわからないことを教えてくれた。

「あの子、あなたに逢いたがってるねん。でも、もう意識がハッキリしてなくて」

本当はわかっていたが、動揺していたのか「意識って?」とIさんは尋ねた。

「こころ、みたいなもの。いまはフワフワしているみたいな感じで、自分がどこにいるかもわかってないかも。本当じゃないことを言ったりするねん、病気のせいで」

「だから……アベくん、引っ越しするって言ってたん?」

「私たちにも言うてた。最初は朝、頭痛い言うてただけやったのに、だんだんぼうっとしてきて、言うことが変になってきて、いよいよおかしいって病院に行ったら——」

言葉にならず、アベくんの母親はハンカチで顔をおさえた。

「ごめんな、泣いてもうて。あのね、おばちゃんはＩくんに、あの子に逢って欲しいんよ。でももう、ほとんど前のあの子じゃないから、ときどき一瞬、ちょっとだけ元にもどることも、あるんやけど……自分がどうなるかわかってないと思うし、多分妄想みたいなこと言うから意味わからんし、Ｉくんもそんなん絶対怖いやろうし」

「えっと……アベくん、もう死んじゃうってことなん？」

アベくんの母親はうなずいて、悲しい笑顔を浮かべた。

Ｉさんは座ったまま振り返り、台所からみていた母親に助けを求める。

「ぼく、どうしたらいいん？」

手が震えて、息が乱れる。心臓が高鳴り、涙で視界が歪む。

「……自分で決めなさい。逢いたかったら、いますぐ行き」

Ｉさんは涙を拭いて、思っていることをそのままアベくんの母親に伝えた。

高速道路の横にある脳を専門とする病院へは、アベくんの母親とタクシーでむかった。

町内の小さな医院しかいったことのないＩさんは、病院の大きさに驚いた。

個室の病室前、廊下のベンチにアベくんの義父が祈るような姿で座っていた。

「ありがとうな、来てくれて。ひとりで入るか？　おじさんたちと一緒に入るか？」

考えるまでもなく「ひとりでええよ」と即答した。

「……あの子、意味わからんこと言うけど、適当に聞いて、適当に答えてあげて」

Iさんはうなずくと、ためらいもせずドアノブに手をかけて病室に入った。

ベッドは一台しかなく、アベくんが布団をかぶり寝転がっていた。こちらに気づいたようすはないが、もごもごと小さい声でなにかつぶやいている。たくさんの医療器具がベッドの横に置かれてあったが、なにかの機械だろうとしかIさんは思わなかった。

「アベくん、来たで。わかる？」

Iさんが声をかけるが、アベくんは変わらず天井をみながら口を動かしていた。

「……持ったしカバンにも入れたしあとなんやろ他に荷物あらへんかなちゃんと」

「アベくん……アベくん」

少し大きな声をだすと、言葉を止めてIさんのほうへ目を動かした。

「ああ、Iくん、来てくれたん？」

「うん、来たで。おっちゃんとおばちゃんも廊下におるで」

「あのな、お父さんはいままで、ここに立ってたんやで。どこいったんやろ」

「そうなんや。いまは廊下におるで」

「あのな、Iくん。引っ越しても、また遊びに行こうな」

「……うん、行こう。どこ行くん？」

「宝塚ファミリーランド行こう。あと、エキスポランド。太陽の塔、行こう」

「太陽の塔、行きたがってたもんな。うん、行こうや。今度行こう」

「Iくん、おれな、手紙とか書いてもいい？　字ヘタやけど」

「いいよ、ぼくも手紙書く。でもキレイに書いてな。ヘタすぎると読まれへん」

「Iくん、あのな、あのな、花火行けへん？　裏技みたいなとこ、知ってるねん」

「この前、行ったで。あそこホンマ裏技やった。めっちゃ花火見えたもんな」

「Iくん、あのな。あのな、あとな、おれな」

「うん、なに？　アベくん」

「あのな、おれな、死にたくないねん」

はッとしてアベくんの顔をみると、目から大粒の涙がこぼれていた。

Iさんは彼の手を握って「大丈夫、ずっと一緒におるから」と共に泣いた。

これがふたりですごした最後の時間になった。

数日後の授業中、Iさんは耳元で「ありがとう」という声を聞いた。

大人の男性の声だったが、なんとなく誰かわかった。

そしていま――アべくんが亡くなったことも確信した。

訃報があったらしく、家に帰ると母親からその事実を告げられIさんは泣いた。


仏壇に線香をあげたあと、アべくんの母親は外まで見送ってくれた。

「来月あたり、引っ越ししようと考えてたから、来てくれてよかったわ」

「そうなんですか……あの、おじさんって、ウチの母の店に来ていませんよね」

「え？　行ってへんと思うで。腰悪くて、あんまり移動できへんし」

なるほど、とIさんは納得した。

「あの子、死ぬ間際、引っ越しのトラックに乗ってる夢、見てたみたい」

突然、アべくんの母親は彼の臨終のときのことを話しはじめた。

「そのトラックを私ら夫婦とあんたが見送る夢やったみたいで、ずっと言うてた。ばいばい、お義父さん、お母さん、Iくん、ありがとう、ばいばい、ばいばいって」

「……」

「あの子、短い人生やったけど……本当の友だちになってくれて、ありがとう」

「……いまごろ、あっちで彼も遊びまわってると思いますよ」

「うん……そうやな、あっちにも家族はおるし、大丈夫やんな」

「はい。私たちもいつかまた逢えますよ」

アベくんのお母さんは涙を拭いて「縁起でもないな」と笑った。

「それじゃあ失礼します。おばさんもお元気で」

「うん。あんたも、もう悪さしなや。元気でな。しっかり生きてな」

アベくんの母親はIさんがみえなくなるまで手を振ってくれていた。

しっかり生きてな、という言葉がずっと頭のなかで反響している。

昼間と違って夜風が気持ちよく、なんとなく散歩を楽しむことにした。

いままで感じたことないほど、気持ちが満たされていると自分でわかった。

あの夕方――あのとき寄り道しないよう、通せんぼした相手に逢える気がする。

ずいぶん川沿いを歩いたIさんは、いつかの裏技の堤防までやってきた。

なぜか、ここにくれば逢えるような気がしたのだ。

かつてアベくんと座っていた場所に、ひとりの男性がいた。

Iさんは（このひとが……やっぱり、ここにいてくれた）と男性に近づく。

「アベくんの、本当のお父さんですね」
男性はＩさんのほうをむいて、微笑んだ。
かつてアベくんがいった通り、彼に似ているように思えた。
（いろいろありがとうございます。アベくんにもよろしくお伝えください）
そんな想いを込めて、Ｉさんは微笑みを返した。
伝わったのか。男性はうなずいて、ゆっくりと優しく消えたという。

怪談社書記録　蛇ノ目の女

2022年10月6日　初版第1刷発行

著者……伊計　翼
デザイン・DTP……荻窪裕司(design clopper)
編集協力……Studio DARA

発行人……後藤明信
発行所……株式会社 竹書房
〒102-0075　東京都千代田区三番町８－１　三番町東急ビル６F
email：info@takeshobo.co.jp
http：//www.takeshobo.co.jp
印刷所……中央精版印刷株式会社